オーラルヒストリーで読む戦後学校建築

いかにして学校は計画されてきたか

はじめに

　日本の学校は片廊下型の校舎が今も多数であるが，オープンスクールや教科教室型のような新しい建築・運営の形式も提案され，学校建築の一角を占めるようになった。鉄筋コンクリート造片廊下型校舎の標準設計から60年，オープンスクールの誕生からも既に40年が経過しており，これらが計画された当初とは社会情勢も教育も大きく変わり，小中一貫校などの新しい計画課題も登場している。ここで今一度，これまでの学校建築が，どのような背景の下で，どのような理念をもって計画・設計されてきたのかを振り返ることも必要であろう。

　大きく見れば、学校建築の量的充足が急務だった時代が続いた後、1980年頃を境に質的整備への転換が図られる。しかし量的整備が主眼だった時代にあっても、教育環境や生活環境としての質の向上に研究者・設計者は多大な努力を払ってきた。そこで，教育施設小委員会では戦後の学校建築計画・設計や制度づくりに携わってきた，そうした研究，設計，行政の第一人者を講師に招き，2006年から2009年にかけて連続講演を行った。講演ではそれぞれの方が関わった仕事を振り返り，時代背景や込められた思想も含めて，当時のコンテクストの中でどのように建築・制度が作られてきたかを聞いた。

　本書の収録内容は次の通りである。
　序章ではまず，終戦から現在までを戦後復興期、高度経済成長期、安定成長期、バブル成長・崩壊期の4つの時代区分に分けて学校建築計画を概観する。それぞれの時代の学校計画の中心課題と潮流を、量的充足から脱定型化、そしてオープン化・弾力化への変化という軸に沿って捉え、代表的な事例を紹介しながら整理する。
　第1章，2章では，研究と実際の計画・設計の両輪で戦後の学校建築計画を牽引してきた長倉康彦氏，船越徹氏に話を聞いた。長倉氏は建築計画研究の視点から学校計画の基本と展開について解説し，船越氏は計画・設計に携わった事例を中心にプランタイプを時系列的に追い、学校建築計画の展開を俯瞰した。
　教育施設はまた，設置基準や国庫補助といった制度によって強く規定される。そ

こで，第3章では文部省で長年補助制度の策定に関わった篠塚脩氏に、その時々の社会情勢に合わせてどのような制度が作られ、教育施設が整備されてきたかを聞いた。

第4章は，学校家具についてである。家具は教室空間の重要な要素であるにもかかわらず，もともと学校には「家具」という概念がなかったという。インテリアや人間工学を日本で初めて分野として確立し，学校家具の規格策定をした小原二郎氏に，そうした状況からいかにして学校家具の規格（JIS規格）が制定されたかを聞いた。

第5章，6章は建築家として学校設計に携わった杉森格氏，穂積信夫氏の講演をそれぞれ収録している。杉森氏はオープンスクール揺籃期からさまざまなプランの試行期に差しかかった時期に，先進的な教育実践・建築のエポックメイキングな事例となった緒川小学校（愛知県東浦町）の設計者である。氏には，緒川小学校を一つの到達点とするオープン型教室の試行錯誤の過程を聞いた。

穂積氏は，学校建築では公立小中学校として初めて日本建築学会賞を受賞した田野畑中学校（岩手県田野畑町）や早稲田大学本庄高等学院の設計で知られる。二つの学校の設計の過程，学校の設計や空間づくりの考え方，そして建築との関わりについて聞いた。

講演録には図版および初学者や一般読者の理解を助けるための注釈を加えた。また，身近で仕事をしてきた，講師をよく知る方々による人物紹介を付した。

これは戦後学校建築の通史あるいは正史として編まれたものではない。普段はプランタイプや事例の系譜として見ることの多い学校建築の発達史だが，その厚みを理解したいと考え，当事者の話を聞き取ったオーラルヒストリーである。そのため，計画にとどまらず複数の異なる視点から聞くこととし，当時の状況や考えを振り返っていただくことを重視した。

本書は建築関係者のみならず，教育・学校関係者も主要な読者に想定している。それらの方々が本書を読むことで学校建築のなりたちや設計思想を知り，校舎を単なるハコではなく，理念をもって作られた教育環境として見ることを期待している。

　　　　　日本建築学会　建築計画委員会　施設計画運営委員会　教育施設小委員会

オーラルヒストリーで読む戦後学校建築
—いかにして学校は計画されてきたか

はじめに 2

序章 学校計画の戦後史 7

はじめに……7
量的充足と定型化／終戦後の学校計画……7
量の時代における脱定型化……12
オープンスクール—学校の内部改革・量から質への転換……18
学校制度の改革—学校の枠組みの弾力化……26
オープン化と学校建築の現在—本書のねらい……32

第1章 学校建築計画概論—長倉康彦 37

鉄筋コンクリート校舎と標準設計……37
教室の採光……40
総合的研究……41
人口の研究……42
学校規模……44
人体寸法……45
学校建築の使われ方……46
オープンスクール……47
リニューアル……52

〈人物紹介〉 長倉康彦／54　　小原二郎／106
　　　　　　船越　徹／71　　杉森　格／117
　　　　　　篠塚　脩／95　　穂積信夫／136

第2章 建築計画研究から生まれた設計——**船越 徹** 55

片廊下型……55
クラスター・前室型……56
ワークスペース……59
オープンスペース前夜……62
オープンスペース……63
モデルケース：宮前小学校……65
最近の計画の展開……67
追記……69

第3章 学校建築と補助制度——**篠塚 脩** 73

学校建築に補助がなかった時代……73
戦後復興と補助のはじまり……76
高度成長期に入って……82
多目的スペース補助……86
昭和から平成へ……87
三位一体の改革：補助金から交付金へ……88
補助の仕組み……89
質疑応答……91

第4章 学校家具でおもうこと―小原二郎 97

木材を勉強した時代……97
建築学への弟子入り……98
学校家具のための人体計測……99
ヨーロッパとアメリカの研究事情……101
JISがISOになったこと……103

第5章 オープンスクールの揺籃期から試行期へ―杉森 格 107

オープンスクールへ……108
緒川小学校……113

第6章 学校建築の作品をふり返る―穂積信夫 119

昭和という時代……119
建築を目指して……120
学校を作る……122
田野畑中学校の計画……123
計画と実践をふり返って……126
早稲田高等学院―教科教室型とハウス制の試み……127
建築家とクライアント，計画の逆風……130
新しい教育構想……132
利用者参加型計画……133
建築へのシンパ・目利き……134
良い建築とは……135

おわりに 139　　本書作成関係委員 140

カバー・表紙図面：立川市立第一小学校（設計者提供：CAt）

● 序章
学校計画の戦後史

横山 俊祐〈よこやま しゅんすけ〉

はじめに

　戦後の我が国の学校建築計画の考え方や方法には2つの潮流がある。一つは、いわゆる「箱モノ」や「画一化」と批判される、量的充足に向けての計画の定型化の流れである。近代教育制度としての学制が公布された明治以降、少子化が始まるまでの百数十年間、我が国の学校建築は、量的充足と一定の質の確保との均衡の中で、4間×5間の教室サイズ[1]、片廊下型の教室配置、校舎端部に廊下部分をのみ込んだ特別教室、3mの天井高、教室床面積の5分の1の開口面積など、標準化・基準化の一途をたどってきた。今日の学校建築にも、そうした標準化の影響が色濃く残っている。これに対して、二つ目の潮流は、教育環境の多様化と質的向上を図ることに向けて、時には、教育そのものを変革するような建築計画を提起し、学校の定型化や画一化を打破しようとする流れである。戦後の学校建築の歴史は、主流としての伝統的でコンベンショナルな教育・空間のシステムと、その変革を計らんとする伏流としての「試み」との対峙、あるいは相互作用であるととらえられる。戦後の学校計画の動向を振り返りながら、本書が意図するところを解説してみたい。

量的充足と定型化／終戦後の学校計画

　戦後の学校づくりもまた、量的充足を最重要課題としてスタートする。その背景には、被災学校数3,556校、被災面積が930万㎡（国・公・私立を含む）にのぼり、

---

[1] 教室のサイズについては、1886（明治19）年に「二十坪　八十人以内ヲ容ルヘキ教室」として学校建築および教室の標準設計が示された。20坪の部屋に2人掛けの机を40台並べたレイアウトが教室の標準レイアウトとして示され、それがその後今日に至るまでの教室の原型となったと言われる。

200万人以上の児童・生徒の学ぶべき教室が消失するといった戦災による甚大な施設被害がある。1947（昭和22）年には，十分な施設確保の対策が立てられないままに新制中学校が創設され，義務教育年限の3年間の延長が開始される。さらに，ベビーブームにより学齢期の人口が爆発的に増加し，校舎不足はいっこうに解消されないまま推移する。戦災復旧と6・3制の実施により，大量の学校建設が迫られるものの，建設資材，設計技術者の能力と人数，建設予算がともに不足する中で，校舎建設は進まなかった。あるいは，建設されても構造・安全・環境面での劣悪性が目立ち，台風などの自然災害で簡単に倒壊する校舎も多かった。教室不足を補うために二部・三部授業や青空教室など，苦肉の策が講じられるが，復旧事業は，1952（昭和27）年度までに公立学校の41パーセントに留まり，完全な復旧までには，その後10年が必要になる。

　乏しい建設資材と予算，限られた建築技術者の能力のもとで，学校づくりは，一定の構造強度や質的水準の確保と迅速な量的充足とを両立させること，並びに，新しい教育の実施にも対応することが必須の要件となる。そこで，計画・設計のための基準や規格化された標準設計・モデルプラン（モデルスクール）などが矢継ぎ早に提示され，学校建築技術の向上が図られる。早くも1947（昭和22）年には，木造校舎の日本建築規格である「小学校建物（木造）JES1301」[2]が制定され，1949（昭和24）年4月には小・中学校別に木造規格JES1302・1303が告示される。それを発展させる形で1956（昭和31）年には，平家・2階建ての木造校舎に関するJIS規格「木造校舎の構造設計標準A3301」[3]（図1）が制定される。

　一方で，戦災や台風被害を考慮して，これからの学校は鉄筋コンクリート造（当

2　戦災による膨大な罹災，新制中学校の設置，戦後ベビーブームの到来などに伴う学校施設の不足に対処すべく，1947（昭和22）年に作成された日本建築学会「木構造計算規準」を受けて，日本建築規格として同年に小学校建物（木造）JES1301が制定され，1949（昭和24）年に木造小学校建物JES1302，並びに木造中学校建物JES1303に変更された。これらの規格では，2階建て木造校舎の教室の標準設計例が構造計算とともに提示されている。また，1人あたりの校地面積や校舎面積，階段の数や便器の数，教室への充分な採光を確保するための校舎同士の隣棟間隔なども規定されている。

3　木造小学校建物JES1302・木造中学校建物JES1303の発展形として，JIS（日本工業規格）によって木造校舎の構造設計標準を定めることで，建築技術者の不足への対応，設計の簡便化，施工の確実性，建設資材の合理的活用による工事費の節約，安全性の向上，比較的良質な学校づくりを達成することが意図されている。平屋，2階建てで各々，片廊下型や廊下なしなどを含めて計4タイプの教室の形状が標準化され，各タイプ共に間口と奥行き寸法に一定の幅をもたせた計画となっている。タイプ毎に平面図，軸組図，伏図，詳細図などが示されている。

時は鋼筋コンクリートと呼ばれる）の必要があるとして，1950（昭和25）年には日本建築学会の協力によって，4種類のスパン割りが提案された「鉄筋コンクリート造校舎の標準設計（A・B・C・D型・Ⓐ・Ⓑ）」[4]（第1章，図1参照）が作成される。また，文部省は1947（昭和22）年度から1954（昭和29）年度まで，全国にモ

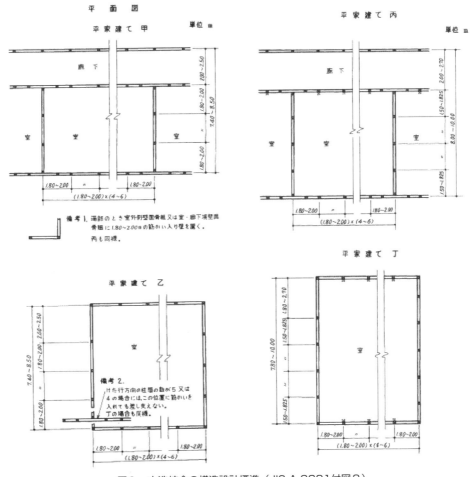

図1　木造校舎の構造設計標準（JIS A 3301付図2）
4種類の室および廊下の形状および大きさが示されている。

4　耐震性，耐火性，耐風性，耐久性が高く，積層化が容易な鉄筋コンクリート造校舎の量的な普及を図るべく，1950（昭和25）年に日本建築学会が7m×9mの教室における柱の本数と桁行き方向スパンの異なる（そのために，柱・梁の断面寸法や鉄筋本数の異なる）4種類の構造標準図，構造計算例を提示した。特に，均等ラーメン（A型・C型）に加えて，教師や生徒のスペースを柱と梁によって分節する不均等ラーメン（B型・D型）の提案に特徴がある。第1章，図1を参照。

デルスクール[5]を指定し，新しい型の学校建築を実際に建設することを奨励・普及している。鉄筋コンクリート造の標準設計（A型）が初めて採用された西戸山小学校（新宿区：1950年）（図2）をはじめ，我が国初の鉄骨造で校舎面積の効率化と良好な教室環境の確保とを両立しうるバッテリータイプ[6]の平面計画を有する八雲小学校（現・宮前小学校，目黒区：1955年）（図3，第1・2章も参照）など，モデルスクールには，木造・鉄筋コンクリート造・鉄骨造の多様な構造形式や平面構成が含まれている。なお，1962（昭和37）年には，鉄骨造校舎のJIS規格が制定されている。

さらに，1950（昭和25）年度から1952（昭和27）年度まで，地方公共団体の熱意と努力によって建設された優良施設校214校と，6・3制発足以来学校建築に功労のあった人々を表彰することで，学校建築の質的向上に努めた。1950（昭和25）年には「建築基準法」が制定されるが，その中で学校建築を特殊建築物とし，設計計画について詳細な規定を設けて，技術水準の確保に努めた。1954（昭和29）年には，新しい教育制度に合致し，量的充足と災害への対応力，質的な改善を兼ね備えた学校づくりに向けて，建築技術者の理解と認識を高めるために，日本建築学会が主催

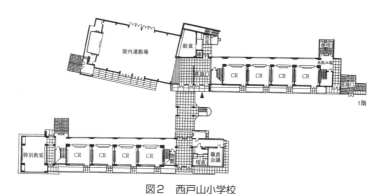

図2　西戸山小学校
（出典：「建築設計資料集成［教育・図書］」丸善，2003）

5　量的充足が重視される中でも教育目的を有効に達成しうる見本となる学校建築を作り，学校建築の考え方の参考とすることで，その普及や質の向上を図ることを目的にモデルスクールが指定された。指定にあたっては，校地の位置，環境，規模の良好さや地域にふさわしい設計計画，財源的な実現可能性などが条件とされた。それに関連して，地方公共団体の意欲や技術を高め，少しでも良い学校建築が建てられることを奨励するような顕彰制度が創設された。

6　集合住宅，学校などに広く使われる空間構成の方法の一つを示す言葉。階段やエレベーターなどの縦動線を中心として左右に住戸や教室を配置した型をいう。

する「学校建築講習会」が全国9都市で開催された。そこで用いられた資料集「学校建築技術」[7]は、構造・環境・計画を総合して学校建築のありようを示したもので、戦後間もない時期の計画の集大成ともいえるものである。

そうした数々の基準や規格が提示される背景には、「我が国のように、学校施設の教育的内容に対する一般社会の認識が低く、学校施設の一般的レベルも低調なところでは、法令によって、よるべき基準を定めておかないと、学校施設のレベルの向上を期することが困難なばかりでなく、逆に学校施設のレベルの低下をきたすおそれも多分にある。また一方、市町村自治体の財政の貧富に左右されて、学校施設の著しく貧困な地域と、満足な地域とが生ずることは、特に義務教育において、全国平等な教育のレベルを確保する上から好ましからぬことであるから、法令によって、その最低レベルを規定しておく必要が生ずる」というように[8]、当時の我が国の学校施設と学校づくりに対する意識・技術・財政面でのレベルの低さに対する危機観を根底に、質的低下を抑制するための基準というとらえ方があった。

しかしながら、戦災復興と新制中学の新設を基準や標準設計によって推し進めることは、結果的に、学校空間の質や計画面での画一化につながった。木造に加えて、鉄筋コンクリート造や鉄骨造が本格的に普及するが、平面計画は戦前の木造校舎の

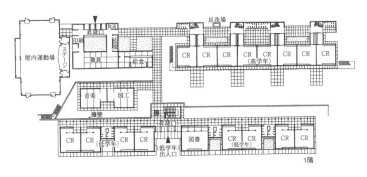

図3　宮前小学校（第一次）
（出典：「建築設計資料集成［教育・図書］」丸善, 2003）

7　学校建築の質的な改善に向け、進歩的な学校研究の成果を総合して新しい学校建築を計画・設計するための技術指導書。構造と計画とが相互に連関した計画技術が提示されている点に特徴がある。これを資料として、1954（昭和29）年度には、「学校建築講習会」が全国9都市で開催され、計画技術の普及が図られている。

8　日本建築学会編「学校建築技術」1954, 23ページ

基準に従ったものであり、とりわけ、4間×5間の教室サイズ、片廊下型の教室配置、校舎端部に特別教室の配置といった定型化が進行し、全国津々浦々に画一的な学校建築が普及する。大幅な量的整備を迫られる大規模自治体では、標準化の流れを受けて、「標準設計図」[9]や「各室単位基準」[10]などの標準図を作成し、学校の設計とは学校規模に応じて標準図をそのまま組み合わせることといった状況となり、大量の画一的な学校が建設される。

量の時代における脱定型化

　量的充足を背景に基準や規格により学校建築の定型化・画一化が全国的に進展していくなか、新たな学校づくりの動きが萌芽する。その契機となるのは、GHQ（General Head Quarter：連合国軍最高司令官総司令部）の要請によって設置された教育刷新委員会での提言に基づく学制改革（1946（昭和21）年）や教育基本法・学校教育法（1947（昭和22）年）の制定など、終戦直後の一連の教育改革[11]である。それらは、従来の教師・行政によるトップダウン型の統制的、画一的な教育から、学童を活動

9　限られた数の職員で単年度に大量の施設計画を行う際に、施設内容の平準化、および計画・設計プロセスの短縮、省力化のために、学校毎の個性を排除し、設計を共通化・標準化することを目指した設計図書。各学校の計画・設計にあたって学校規模を踏まえた全体配置と平面計画を決定すれば、標準図を用いることで各室のサイズ、仕上げや詳細図は設計する必要がなくなる。横浜市では、戦災復興以降、ベビーブーム、人口流入などによる学校需要の爆発的な増加に対して、学校間格差の是正と量の消化を目的として1959（昭和34）年にRC造校舎の仕上げの標準図（59型）が作成されている。そのメリットは、職員6〜7人で、単年度あたり400教室、工事件数50〜60件もの大量の設計をばらつきや落ちもなく進めることができた点にある。

10　学級教室や各教科の特別教室、管理諸室、昇降口・廊下・トイレといった共通空間など、学校を構成する空間を室単位でとらえ、室毎に求められる性能を基準化したもの。各室で展開される学習・生活行為や居住性といった機能的要素に対応すべく、空間形状や面積、しつらえ、設備などの空間要件や考え方を基準化することで、各室毎に一定の質を確保することが目的とされる。各室単位基準は設計を進める上でのガイドラインとなる。

11　戦後の民主教育の根幹をなすのは、1947（昭和22）年に教育刷新委員会の建議により制定、施行された教育基本法、並びに、学校教育法である。教育基本法は、民主主義と平和主義、個人の尊厳の尊重、個性豊かな文化の尊重を教育の基本原則として教育の自律性と学問の自由を目指すものである。それを受けて学校教育法では、新しい小中高等学校が制定され、小学校では人間相互の関係の正しい理解と自主・自立の精神の涵養、日常生活に根ざした教育などを重視し、中学校では、国家・社会の形成者としての資質や職業に関する知識や技能、選択能力、社会性などを養うことが目標とされている。

の主体に据え，心身の特性や生活環境に応じた自主的活動を喚起することで教育目標を達成するボトムアップ型の学習への転換を図る先駆的なものであった。

それに連動して1947（昭和22）年にはGHQ–CIE（Civil Information and Education Section）の提案により，戦災小学校の復興と新制中学校の建設に向けて「学校建築委員会」が設置され，新たな学校づくりが胎動し，新しい教育の場としての学校建築の手引きの作成が進められる。あまり世に知られることのない「新制中学校建築の手びき（1949（昭和24）年）」[12]や，その後の「学校建築技術（1954（昭和29）年）」に記された内容は，従来の教育の考え方を大きく転換する画期的なものであった。量的充足の問題から離れ，むしろ「従来教科書本位教師本位の画一的な教育の行われがちだった学校は，生徒の各自の独創的活動或は集団的共同活動のために必要な学習の場所，遊戯の場所を与えることを第一義とする」[13]という新たな教育方針・方法を基盤として，多様な学習集団による学習活動・形態の多様化や連続性を想定し，それに対応する空間やプランニングのありようを提起している。

具体的には，「相関カリキュラム（ある同一授業時間に，教科の関連性を追って，例えば，理科から社会，社会から国語へと移行）」を踏まえた「教科の教室（特別教室）」相互の連関性，多様な規模の学習集団や活動形態に応じるような家具配置やしつらえの多様性とそれを可能とする空間のフレキシビリティ，学習活動の多方向性を考慮して教室全体の照度の向上，生徒のアクセシビリティと視認性を高めるような教科準備室のオープン化[14]，低高分離，会議・休憩に特化した職員室と執務

---

12 GHQ-CIEの要請によって官民学からなる学校建築委員会が文部省施設局に設けられ，罹災した数多くの小学校の復興と新制中学校の建設に向けて作成した手引書。CIEの助言により，生徒の自主的な学習活動を主体とする新しい教育の考え方を具体的に表明した計画指針である「新制中学校　建築の手引き」が出版された。新制中学校は，学習の興味を生起し，生活するのに便利で愉快で，衛生的で安全であることや地域社会の活動の中心となることを目標に，校地の選定方法や規模，必要諸室とその規模や仕様，ブロックプランや教室利用の効率化などが提示されている。

13 吉武泰水「建築設計計画研究拾遺―簡易版」（吉武先生を偲ぶ会 世話人発行），2004, 18ページ

14 特に理科準備室は，準備の過程から生徒に見せて説明することや教員研究・生徒研究での使用，実験器具などに容易に接することが重要とされ，学校建築技術の設計例では廊下から見えやすく，入りやすい開かれた計画が示されている。

15 職員室とは別に，教室やホームベースなど児童・生徒の拠点となるゾーンに設けられる教師のための小空間。立ち寄り型のオフィスとして設計される例や，教材資料などの収納を兼ねたステーションの例，校務分掌作業をする職員室と区別し，教科指導のための空間とする例などさまざまである。

用に教室内に用意する教師コーナー[15]の使い分けなど，今日の学校計画においても十分に通用するような斬新な計画指針である。

　運営方式[16]も，教室の利用効率，教科専用の教室の必要性や有用性などから，従来の特別教室型（普通教室＋特別教室による運営）だけでなく，学科教室制（教科教室型）や小学校低学年向けに「総合教室型（総合教室＋最小限の特別教室）」，新制中学校向けに「プラトゥーン型」などが多様に検討されている。それらの提案は，学校の定型化の流れに対峙し，「機能上の問題が主であって直接に学校施設の空間的構成に変化を来すべきもの」[17]として，学校計画に新たな方向性を生み出す起点となるものである。

　さらに，新しい教育のもと，学習形態は一斉形式だけでなく，生徒の主体的な学習やグループ学習など，多様化に向かうことも示されている。学級教室は，概ね7m×9mの大きさで一斉形式の授業を前提として学童の机・椅子と黒板・掲示板・教卓で構成される在来の「静型教室」に加えて，新たに「ある授業時間に，クラス全員が同時に同一教科を学習するとは限らない。あるグループは描画を，あるグループは工作を，あるグループは社会をというように，グループ別にプログラムを立てて学習が行われることもある。このような教育計画のもとでは，ある特定の教科を学習するために特別教室に行くという学習方法は否定される」[18]という考え方により，生徒の自主的活動によって学習がダイナミックに進められるよう，個人机

16　担任制の違い，学級重視・教科重視の考え方などから，集団や学習と教室の対応に関していくつかの運営タイプがある。その主なものとして，特別教室型，教科教室型，総合教室型がある。さらに，戦後のベビーブーム時に一時的に考案されたプラトゥーン型などがあり，それぞれに教室の仕様，稼働率などに特徴がある。
　・特別教室型は，現在最も主流の運営方法といえ，学級の拠点となる学級数分の普通教室と理科や家庭科など特別な設備を備えた特別教室により学校を運営する。
　・総合教室型は，学級教室内に水道設備や実習的な学習も可能となる作業スペースなどを設け，ほとんどの学習活動を教室内で可能とする考え方である。小学校低学年の教室などで提案されてきた。
　・教科教室型は戦後，急増する生徒数に対して教室稼働率を上げる目的で考案され，教科毎に教室を設け，児童生徒が受講する教科に応じて教室を移動する運営方法である。今日では，教科毎の学習環境の充実や学習形態の多様化を目的に採用される事例が多い。
　・プラトゥーン型は，教室稼働率を最大限上げるために，教室を普通教室群と特別教室群に分け，一定時間（例えば午前と午後など）毎に使用する教室群を交替する運営方式であるが，現在では見られない。

17　前掲書「建築設計計画研究拾遺―簡易版」。

18　「学校建築技術」101ページ

の他に作業・ライブラリー・描画などの多様な活動スペースを有する多角的な教室の型である「自由型教室」[19]が構想されている。また，学校が地域の文化センターとして地域社会の利用を想定し，他の地域施設との連携を考慮することも示されている。

こうした学校計画の新たな指針づくりは，我が国の建築計画学の創始者の一人である吉武泰水[20]を中心に進められた。量的充足に追われ，新たな教育方法や空間計画の実施にまでは手が回らずに，結果的に定型化・画一化に至ったというこの時代の大きな潮流の中に埋没してはいるものの，面積や工法などの建築的な効率性と教育環境・空間の質的向上との両立を図らんとする画期的なものである。特に，建築計画学の主題ともいえる「使われ方研究」[21]を基盤にしたさまざまな実験的な試みによって，学校建築の定型化を崩し新たな可能性を拓こうとするものであった。試行的な実践の端緒となるのは，我が国初の鉄骨造校舎となる八雲小学校（前出：1955年）の計画である。不燃性，台風や地震などの自然災害に対する構造強度，森林の保護などの面で有利であるとの理由で鉄骨造が採用されるが，真のねらいは鉄骨造の特性である空間計画の自由度の高さを活かして設計の個別化を進めること，それによって当時の学校建築の定型化からの脱却を図ることであった。

八雲小学校で採用されたバッテリータイプは，廊下などの通過動線をなくすこと

---

19 在来型の学級教室の周りに，児童の自主的で多様な活動に対応する図書・作業・描画・展示スペースなどの学習コーナーを一体的に付設した教室の型。各教室に十分な設備と空間を用意することで，特別教室が不要となり，ほとんどの学習活動が可能となる。自由型教室は，その後，学級教室に水回りや作業コーナーを備えたワークスペースを付設する総合教室として，我が国の一部の小学校の主に低学年に計画される。

20 **吉武泰水**（よしたけやすみ，1916-2003）　東京大学教授，筑波大学副学長，九州芸術工科大学学長，神戸芸術工科大学学長等を歴任。建築の学問領域の一つである「建築計画学」の創始者である。建築空間と生活・行動との対応関係に焦点をあて，その関係性や規則を科学的に解明することによって，建築の機能・配置・規模計画や設計を客観的に行うことを目指した。特に，戦後，大量供給が求められた集合住宅や学校，病院などの施設を対象として，「使われ方研究」を推し進め，建築空間と使用との間の法則性や矛盾を発見し，その建築的な解決を図るという方法論を確立した。後年，地域を基盤とした施設計画の再編，夢を対象に環境を心理面からとらえる試み，芸術工学など，建築計画学の新たな可能性を提起する研究にも取り組んだ。研究で得られた知見を基に設計活動にも積極的で，学校建築に関する代表作には，「城南小学校（青森県七戸町）」「成蹊小学校・中学校」「青渓中学校（兵庫県八鹿町）」「真駒内小学校（札幌市）」などがある。

21 建築計画分野において，施設建築などをユーザーがどのように利用し，過ごしているかを把握することから一定の知見を得ようとする研究手法のこと。

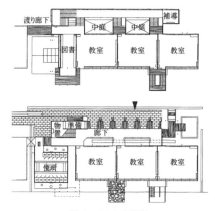

図4　日土小学校
（出典：「建築設計資料集成［教育・図書］」丸善，2003）

で，両面採光による安定的で高レベルの照度を教室環境に確保した上で，面積効率の向上と教室の安定性との両立を図ったものであり，脱片廊下型校舎を目指した先駆的なモデルといえる。バッテリータイプやクラスタータイプ[22]は，以降，日土小（1956～1958年）（図4），真駒内小（1958～1963年）（第2章参照），小文間小（1963年），第一日暮里小（1964～1965年）をはじめとして全国に広がり，片廊下型にとらわれない多様なブロックプラン[23]によって計画された学校が800校（1965（昭和40）年頃）を越えるほどとなった。

　新制中学校の建築計画にも新たな提案がなされる。青渓中（1957年）（第2章参照），二水高校（1958年），目黒区立第一中（1960年），三沢市立第五中（1961～1965年）など，教室の利用率を高めることで校舎の面積効率を高めながら教育環境の質的向上を達成する教科教室型の運営方式が計画される。動線の中心部にロッカースペースを配置することで，生徒の生活拠点の確保と，教室移動の際の動線の短縮化を意図している。この時代には，教科教室型として予め計画された学校だけでなく，従来型の校舎においても教室の効率的な利用の観点から教科教室型の運営が行われる事例も一定数みられた。

　1959（昭和34）年以降の千里・高蔵寺などのニュータウン建設に際して，新規に

22　学年ユニットなどのひとかたまりの空間を廊下などの動線空間でつなぐ構成をもった平面計画。クラスター（房）をイメージさせることから，このように呼ばれる。

23　普通教室群，特別教室群，一棟など，一定のまとまり毎の平面計画。

計画される学校の中には、行動様態や身体的な差異の著しい低・高学年を空間的に区分する低高分離[24]が実践され、その発展としての幼低校[25]が実験的に構想される。また、青山台小（1965年）では低学年を中心に、城南小（1964～1965年）や真駒内小、第一日暮里小などでは全学年で、教室の一部を拡張して水回りや作業台を備えたワークスペースを設ける総合教室型が提案されている（図5）。4間×5間（7m×9m）に定型化した教室サイズ、並びに、教室と廊下による空間構成の枠組みを越えて、ワークスペースという新たな機能空間の創出が試みられている。その後、ワークスペースは、北条小（1970年）（図6）のように廊下部分を拡張して設けられるように変化し、本格的なオープンスクール[26]に向けての橋渡しとなる。

学校空間の質的な向上を果たすことと面積効率を高めることによって、定型化・画一化を乗り越えんとするさまざまな試みがなされるものの、結局は、局地的な取

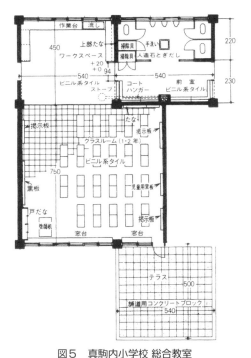

図5　真駒内小学校 総合教室
（出典：「コンパクト建築設計資料集成」丸善、1986）

24　小学校の計画において、体格・身体能力・心理面での差に配慮し、低学年と高学年の活動領域（ゾーン）をある程度分離すること。低学年専用の遊び庭などを設けることは、その一環である。

25　幼稚園と小学校低学年をセットにして分校を設ける方式。幼低校として建設された施設も存在するが、教育制度と整合しないため、実際の運営には至らなかった。

26　オープンスクールは、日本ではオープンエンドな教育方法に対応して、「オープンスペース」と呼ばれる多目的スペースと連続・一体化した教室を組み合わせ、学校全体を学びの場とする形式である（第1章、第2章、第5章参照）。オープンスペースは学級横断型の学習活動や教師の協働を進める空間であり、オープンスペースを活用する教育課程経営と連動して初めてその機能を発揮できる。北条小学校はほぼ2教室ごとに分散オープンスペースとしてワークラウンジを有しており、ワークラウンジ活用の背景にはカリキュラム管理室を中心とした子供の主体性を重視する学年・教科経営がある。

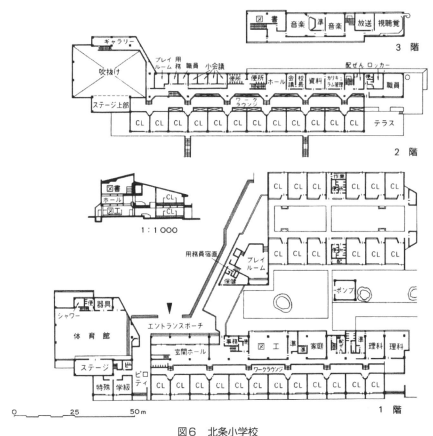

図6　北条小学校
(出典:「コンパクト建築設計資料集成」丸善, 1986)

り組みに留まり，広く，あるいは根本的に学校建築・空間を変えるまでには至らなかった。それは，戦災学校の復興と新制中学の新設に伴う膨大な学校建設への対処に追われたことに加えて，戦後のさまざまな教育改革にもかかわらず，教師・教科書・クラス・集団・教室を中心に効率性・平等性を重視した一斉形式の教育方法が変わらなかったことが主因と考えられる。

オープンスクール—学校の内部改革・量から質への転換

背景
　高度経済成長に伴い上昇を始めた進学率は，1970年代半ばには，高校で9割を超え，大学・短大でも4割弱を占めるようになる。高学歴こそが生活の安定・豊かさ

をもたらすという学歴重視の価値観を背景に「受験戦争」が過熱する。それに呼応するかのように，学校教育では，効率的に知識を習得することに向けて，「詰め込み教育」が偏重されるようになる。しかしながら，効率性や競争原理に基づく教育は，動機付け・創造力・応用力に弱点があるとの批判を招くとともに，「落ちこぼれ」「校内暴力」「不登校」など，社会問題に発展するようなさまざまな弊害を生み出してきた。加えて，高度経済成長から高度情報化社会への移行は，習得すべき知識の飛躍的な増大を招き，詰め込み教育の限界が露呈する。

これに対して，早くも1971（昭和46）年の中央教育審議会において「第3の教育の改革構想」として，子供の豊かな個性を育むことに向けて教育の多様化や個性化，さらには教育方法や環境を子供主体に再構築するなどの基本施策が答申された。それを受けて，教科指導を行わない「ゆとりの時間」をはじめとして，学習内容や授業時数の削減を図る方向への学習指導要領の全面改訂が行われる（1980年度／小学校，1981年度／中学校）。

1985（昭和60）年～1987（昭和62）年の臨時教育審議会（臨教審）[27]では，生きる力や学習における児童・生徒の主体性を育成し，個々の能力や個性の尊重と伸長を図ることや知識主義から経験主義への転換を主眼として，「個性重視の原則」「国際化，情報化などの変化への対応」「生涯学習体系への移行」が提示される。それを踏まえて1992（平成4）年に施行された新しい学習指導要領では，小学1・2年生を対象に社会や自然と自己との関わり方を体験的に学び，かつ，そのための活動・表現技法を習得する「生活科」が創設される。さらに，1996（平成8）年の中央教育審議会（中教審）では，「ゆとり」の中で「自分で課題を見つけ，自ら学び，自ら考え，主体的に判断し，行動し，よりよく問題を解決する能力」としての「生きる力」を育むことを主眼として，学習内容および授業時数の削減，完全学校週5日制の実施，「総合的な学習の時間」の創設，「絶対評価」の導入，体験活動の拡張などを骨子とする新しい学習指導要領の導入が決定される。

詰め込み教育からゆとり教育への転換は，教育方法のドラスティックな変革を求めるものであった。学習における集団・内容・進度・方法・場所は，従来の「学級王国」[28]・「一斉形式」と呼ばれるような一様で，固定的，かつ限定的なクローズド

27　臨時教育審議会第二次答申（1986（昭和61）年4月23日）では，「教育環境の人間化」の観点に立って教育条件の改善を図る必要があることを述べている。具体的方策として，教育方法の多様化に応じられる学校施設・設備に改善することなどが挙げられており，量から質へ学校施設整備への転換が図られるきっかけとなった。

システムから，児童・生徒一人ひとりの能力・適性・進度の違いを踏まえながら自らが主体的に学ぶために，学習集団が弾力的かつ多様に編成され，学習の個別化・個性化を実現するようなオープンシステムへと転換される。それは，量的充足が一段落した学校建築にも大きな変革をもたらす。

多目的スペース（ラーニングセンター）の学習風景

空間・教育のオープンシステム

　教育システムのオープン化の必要性をいち早く察知し，制度的な教育改革に先んじて従来の定型化・画一化した学校計画に変革をもたらす先駆的な取り組みが登場する。私立の加藤学園初等部（1971年）（図7，第1・2・5章も参照）[29]を皮切りに，公立でも福光中部小（福光町（当時）：1978年）（第1章参照），緒川小（東浦町：

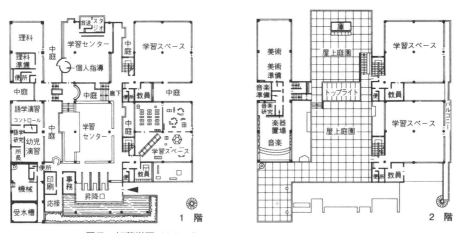

図7　加藤学園（出典：「コンパクト建築設計資料集成」丸善，1986）

28　「学級王国」とは，学級担任教師の「我がクラス」という帰属意識が排他性や画一性をもたらす危険性が指摘される場合に使われる言葉である。子供の個性や個人差を重視し，自己教育力育成の観点から教育方法や指導内容を根本的に見直そうとするオープン化の動きには「学級王国」の問題点を解決しようとする学級解体的な発想があるが，学級は最も安定した生徒指導の場であることも忘れてはならない。

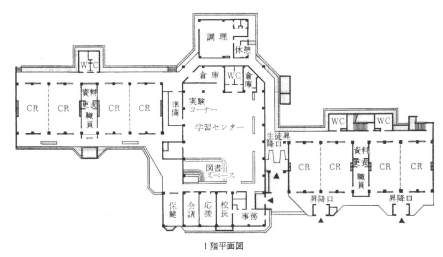

図8　山北小学校（出典：「学校建築　計画と設計−実例編−」丸善，1979）

1978年）（第5章参照），卯の里小（同町：1979年），池田小（池田町：1980年），本町小（横浜市：1984年），宮前小（目黒区：1985年）（第1・2章参照）など，それぞれ個性的なブロックプランを有しながら，開放的な普通教室と多目的スペースとが連続するオープンスクールが作られる。熊本県では，独自に学校のオープン化の有効性・必要性を認識して，教室ブロックの中央に大きな多目的スペースを有する人吉西小（人吉市：1977年）や特別教室を大空間に開放的にまとめて全体でメディアセンターを構成する山北小（玉東町：1975年）（図8），各教室回りに潤沢な面積の多目的スペースを有する登立小（大矢野町（当時）：1986年），教科教室型の矢部高校（矢部村（当時）：1976年）・蘇陽高校（蘇陽町：1977年）など，県内各地で個性的な学校施設が整備された。

　その他にも北海道，沖縄県，長野県などの自治体で，先駆的な取り組みが展開される。多目的スペースは従来の廊下と閉鎖的・固定的な教室による構成では難しい。例えば，個人・グループ・クラス・学年といったさまざまなサイズの集団編成や，動的・静的な活動，演習・製作・作業・調べ学習・討論などの多様な学習方法

29　我が国最初のオープンプランスクールは1972（昭和47）年に壁のない学校として開校された加藤学園初等部（静岡県）である。ここでは，個性の尊重とともに英才教育を目指していた。公立学校で最初のオープンプランスクールといわれるのは，1977（昭和52）年にオープンスクールとして整備された福光中部小学校（富山県）である。初代校長の「立つな，話すな，整えよ」という教育方針は現在も「自己啓発の教育（自啓教育）」として受け継がれている。

を可能とするフレキシブルなスペースとして，さらには主体的に学習を進めるためのさまざまな教材や図書，資料などを保管・展示しておくメディアスペースとしての役割を担っている。これらの取り組みの特徴は，閉塞化する教育を打開しようとする自治体や教育関係のトップの発意によって，補助基準などの制度的な裏付けがないままに，新たな学校づくりが試行されたことである。限られた補助基準面積の中から多目的スペースを捻出するために，それぞれの事例で設計上の工夫が施され，また，予算面での英断が敢行される。

　自治体の学校づくりを国が財政的に支援する仕組みは，戦後になって初めてつくられ，我が国の学校建築を一定の方向に誘導する働きをしている。当初は，「公立学校施設費国庫負担法（1953（昭和28）年）」[30]が制定されたが，1958（昭和33）年に創設された「義務教育諸学校施設費国庫負担法」[31]が現行制度の根幹となっている。1980（昭和55）年前後の特定の自治体によって内発的・先駆的に展開された学校空間や教育システムをオープン化する取り組み，あるいは，教育制度の改革などを反映して，1984（昭和59）年に，「義務教育諸学校施設費国庫負担法」の中に多目的スペース[32]の整備を国庫負担の対象とする改訂が行われた。多目的スペースとして加算可能な面積は，小学校で補助基準面積の7.6パーセント，中学校で6.0パーセントとなるが，これによって多目的スペースが急速に普及し始める。さらに，1997（平成9）年には小学校において生活科教室や教育相談室を，中学校においては外国語教室や進路指導室を，さらには小中学校共通にコンピュータ教室を補助基

30　国と地方の負担区分を明確にし，負担金を安定・恒久のものとする法律。その内容は，義務教育年限の延長に伴う施設建設や戦災復旧，災害復旧といった目的に応じて，国庫の補助率が定められている。他に，戦中戦後に蓄積された危険校舎の改築（危険法），児童の自然増に伴う小学校校舎不足（公立小学校不正常授業解消臨時措置法：1955（昭和30）年），公立養護学校整備，学校の統廃合に対する国庫補助制度も創設されている。第3章も参照のこと。

31　公立の義務教育諸学校（小学校，中学校，盲学校および聾学校の小学部・中学部）における教室不足に起因する不正常授業の解消や屋内運動場や盲聾学校の新増築，適正規模に向けての統廃合に伴う新増築，構造上危険な校舎の改築などの施設整備を促進するために，その新増築に要する建設経費の一部を国が負担する制度。それに伴い，従来の負担法，危険法，不正常法が廃止され，また，公立学校施設災害復旧費国庫負担法や高等学校危険建物改築促進臨時措置法なども新しく制定されている。第3章も参照のこと。

32　教育のオープン化の建築的手法の一つとして1970年代から提案されてきた，普通教室・特別教室に加えて設けられたスペース。1984（昭和59）年に補助制度ができて以降，広く普及するようになる。多目的スペースの配置，設計には多くのバリエーションがある。

準面積に組み入れる改訂が行われた。その結果，小学校で平均17.8パーセント，中学校でも18.3パーセントの基準面積の増加となった。同時に，多目的スペースの加算率も，小学校で10.8パーセント，中学校で8.5パーセントに拡充され，潤沢な面積の多目的スペースが設置可能となった。2001（平成13）年には，少人数指導やグループ学習，並びに新しい情報通信ネットワーク技術に対応する新世代型学習[33]のための空間を多目的スペースの加算率の拡充（小学校18パーセント，中学校10.8パーセント）によって整備するような改訂が行われた。

　多目的スペースの設置と拡充の方策，ひいては学校計画の自由度を高めるような基準面積の拡大によって，学校空間はドラスティックな変容を遂げる。制度的な補助がない時代には廊下の幅を拡張したような多目的スペースの計画が多かったのに対して，一連の基準面積の改訂を通して，打瀬小（千葉市：1995年）や博多小（福岡市：2001年），桜丘小（世田谷区：1999年）（図9），いには野小（印西市：2000年），芦原小（戸田市：2005年）など，教室回りに多様な形態の多目的スペースが計画されるようになった。

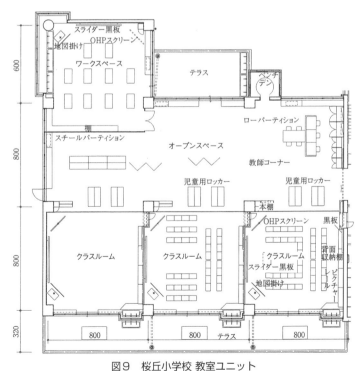

図9　桜丘小学校 教室ユニット
（出典：「建築設計資料集成［教育・図書］」丸善，2003）

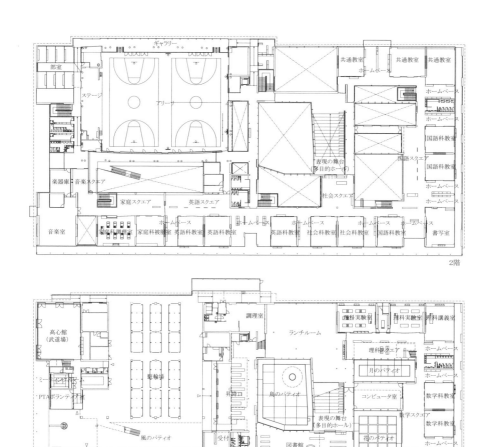

図10 丸岡南中学校（設計者提供：シーラカンスK&H）

　中学校では，戦後間もない頃には校舎面積の効率化を目指して進められていた教科教室型の運営方式が，むしろ，教科センター方式などによる教科毎の学習環境の質的向上や選択制などによる学習集団の弾力的な編成に適合しやすい点などが評価され，少数ではあるが，北部中（東浦町：1976年），具志川東中（具志川市：1981

33　少人数指導など学習集団の弾力化などを実施して，ICTやメディアを活用し効率的な授業を行うための学習環境。具体的には，集団や活動に応じて空間を仕切って使用できるようなまとまった空間を示す。余裕教室活用の一環として，2教室分のスペースをつなげ，新世代型学習空間とする例などがある。

年），桜中（三春町：1991年），岩江中（三春町：1995年），打瀬中（千葉市：同年），玉島北中（玉島市：1996年），六本木中（港区：2000年），聖籠中（聖籠町：2001年），豊北中・川中中（下関市：2005年），丸岡南中（坂井市：2006年）（図10），至民中（福井市：2008年）などで計画・実践され，学習の個性化や弾力化に寄与している。

　オープンスクールに代表される学校空間と教育システムのオープン化[34]，中学・高校における教科センター方式[35]を中心にした教科教室型運営の導入は，教室と廊下だけで構成される従来の学校計画に対して，多目的スペースをはじめとする多様な空間が学校の至る所に用意され，学校全体が学習・生活活動の場となることにつながっている。と同時に，学級を基本単位として同一の年齢集団により同一内容を同一進度・方法で学ぶ「一斉形式」に対して，学習形態の多様化，弾力化が図られる。オープンエデュケーションに対応する「調べ学習」「スキル学習」「体験的学習」「ノングレード方式（無学年方式）・縦割り集団編成」「ピアティーチング」「習熟度別学習」「少人数学習」「T.T.（チームティーチング）」「総合的な学習における個人やグループでのテーマ学習」「ICT」などの多様な学習形態は，学習の弾力化と個別化・個性化の一環である。

　そうした点で，オープンスクールは我が国の学校建築・教育の歴史におけるエポックメーキングとして位置づけられる。また，オープン化時代の特徴は，建築家や建築計画研究者が学校の計画に関わるようになったことである。それは，画一的な教育の器としての箱物（ハコモノ）から，多様な教育を触発し受容する仕掛けとしての場づくりへの転換が試みられたことを意味する。

　その一方で，今日，多くの自治体で補助基準面積に則って潤沢な多目的スペースが設置されるものの，ほとんど活用されずに形骸化している事例も多い。通過動線を兼ねた廊下拡張型の計画により安定した活動が阻害されること，活動やしつらえの手掛かりのない均質で単調な空間，スペース活用のための家具・教材・プログラムが不十分なこと，スペース活用に関する教師の不慣れや抵抗感，建設当初の多目的スペース設置の意図や活用方法が継承されないことなどが，結果的には多目的ス

34　オープン化はクローズドに対する言葉であり，閉鎖的で柔軟性のない教育のあり方を改革しようとする教育運動の方向性を示す言葉である。我が国では1970年代の「教育の現代化」の取り組みにおいて，オープン化が求められ，それが自由な教育空間としてのオープンスペースと合致した。

35　教科教室型の中学校・高校において教科毎の空間のまとまりを作り，教科教室，教科メディアスペースや教科オープンスペースを組み合わせて教科センターとする方式。

ペースの無目的化につながっている。さらに，多目的スペースと教室の間を開放的・連続的に計画することで音の問題が発生し，授業がうまく進まない，あるいは子供たちの集中力が低下して落ち着きがなくなるなど，オープン化された空間の弊害が指摘されることもある。そうした問題に対し，多目的スペースを設置せずに，教室も閉鎖的に作るといった，オープン化を求めずに，旧来の片廊下型の学校計画に回帰する動きも生まれている。

学校制度の改革—学校の枠組みの弾力化

　1990年代以降，学校を取り巻く変革の動きは，新しい局面を迎える。オープン化が学校内部に完結した変革だとするならば，学校選択制，統廃合，学校間連携，さらには小中一貫など，学校という固定的で完結的な単位・枠組みを弾力化し，学校相互の関係性を基軸にして再編成し，活性化，質的向上を図る取り組みが広がる。

学校選択制

　行政改革委員会による「規制緩和の推進に関する意見（第二次）—創意で造る新たな日本—（抄）（1996（平成8）年）」において，学校選択制に関する本格的な提言がなされる。特に，ゆとり教育が目指す，学習における子供の主体性の育成や学習の個性化・個別化と連動するように，学校選択制によって特色ある学校づくりを押し進め，個性ある教育課程を編成すること，また，自らの意志で学校を選択することの有意性や不登校問題の改善への寄与などが期待されている。これを受け，文部省（当時）では，1997（平成9）年1月に「通学区域制度の弾力的運用について」[36]を全国の市町村教育委員会に通知し，学区の弾力化を促している。実際に学校選択制を導入している自治体は，2012（平成24）年度で小学校では246自治体，中学校では204自治体を占めている。学校選択制には，市町村内のすべての学校を対象にして選択可能な「自由選択制」[37]，市町村内をいくつかのブロックに分け，そのブロック内の希望する学校に就学を認める「ブロック選択制」[38]，従来の通学区域は残したままで，隣接する区域内の希望する学校に就学を認める「隣接区域選択

36　1997（平成9）年に文部省より通知された「通学区域制度の弾力的運用について」を発端とし，いくつかの経緯を経て，各市町村教育委員会に「通学区域制度の運用に当たって…多様な工夫を行うこと」が求められた。これにより，居住する学区にしばられない学校選択が可能となった。

制」[39]，特定の学校について，通学区域に関係なく，市町村内のどこからでも就学を認める「特認校制」，特定の地域に居住する者について，学校選択を認める「特定地域選択制」などがある。小・中学校共に，「特定地域選択制」や「特認校制」が多いが，中学校では，「自由選択制」も一定数を占める。従来の学校と住区との一義的な関係に対して，学校を選択できることは，「行かせられる学校よりも，行きたい学校に」通学できること，競争原理による学校の個性化・活性化が期待できること，学校に対する保護者の関心や意識の向上，小規模化する学校における児童・生徒数の確保などのメリットが考えられる。

　反面，子供の生活圏と通学圏との不一致や過剰な学校間競争などが問題視されている。実際に，校舎の新しさなど，教育内容と関係ないことで学校が選ばれる傾向や，学校に関する風評で希望者が増減する，あるいは，一部の学校に生徒が集中することで生徒数の偏りが大きくなったり，遠距離からの通学者が増加し，結果的に学校と地域とのつながりが希薄になるなどの問題で，学校選択制を廃止，縮小する自治体もみられる。

統廃合

　我が国では，6～8クラス規模（特別支援学級を含む）の公立小学校が全体の26パーセント（5,357校／20,621校：2013（平成25）年）と最も多く，少子化に伴う学校規模の縮小が進行している。同時に，全国の公立小・中学校施設に占める「築30年以上」の施設面積の割合は，22.4パーセント（2001（平成13）年度）から57.5パーセント（2011（平成23）年度）へと大幅に増加しており，改修や建替えの必要性が高まっている。これに対して，学校規模の標準化（普通学級数：12～18）を実現し，小学校では「人間関係に配慮してクラス替えのできる規模」「運動会や学芸会等で

37　品川区の事例にみられるように，例えば中学1年生を対象に，従来の通学区域や指定校変更の制度は維持しつつ，区内全18中学校から通学する学校を選択できる方式。

38　従来の通学区域や指定校変更の制度は維持しつつも，いくつかの通学区域を一つにまとめ（＝ブロック化という），住所地の通学区域が属するブロック内の学校なら，どの学校でも選択できる方式。通学の安全確保上，また地域との関係上，遠距離通学とならないよう配慮される。

39　居住する学区に隣接した通学区域において，その区域内にある学校を選択できる方式。ブロック選択制よりも狭い範囲内での学校選択となり，より通学の安全確保，地域との関係性に配慮した方式といえる。

ある程度の活性化が図られる規模」，中学校では，「主要教科について各学年それぞれの担任教員を用意できる規模」「部活動やクラブ活動等の種目数を一定数維持できる規模」を確保するといったスケールメリットの達成によって学校の活性化や教育環境の質的向上を図ること，並びに，人的な多様化により子供の社会性や競争力を高めることを目的に，1990年以降，学校の統廃合が活発化している。増加する老朽校舎を個別にメンテナンスし，あるいは建替えるよりも，統廃合により集約的に施設更新を実施するほうが財政負担の効率化につながるとの考え，あるいは小規模校に比して児童・生徒1人あたりのランニングコストの低減が図られることなども統廃合推進の一因となっている。

その結果，2002（平成14）年度～2010（平成22）年度の間に，小学校で2,641校，中学校では769校が廃校となっている。とりわけ，これまで僻地や郡部などの過疎地域を中心としていた統廃合が大都市部にまで広がってきた点に近年の特徴がある。教職員の適正配置や施設設備の充実が困難で教育効果を上げにくく，学校経費が割高となる小規模校を対象に統合を進める「公立小・中学校の統合方式について（1956（昭和31）年）」が最初の統廃合に関する国からの通達である。そこでは，教育効果や地域の実情に即した統廃合の実施と，統合による標準規模（12～18学級）の達成，通学距離の限度[40]の設定など，統廃合を進めるための基準が定められ，現在でも適用されている。その後，「公立小・中学校の統合について（1973（昭和48）年）」を出して，通学距離・時間の大幅な増加や地域の理解を得られないような無理な統廃合を回避することを通知している。しかしながら，2007（平成19）年6月には，財政制度等審議会で，学校経費や学校運営，教育効果の面から「学校規模の最適化」が提起されている。これらを踏まえて，中央教育審議会での議論に展開している。

少子化と財政逼迫によって進展する学校の統廃合ではあるが，一方で，少人数教育の優位性や学校の個性，学校と地域の連携などの衰退，並びに，地域コミュニティのシンボルや拠点，愛着の対象である学校の喪失にともない，地域の活力が低下する危うさをはらんでいる。スケールメリットの追求のみならず，そうした状況を踏まえて，いかに学校のコンパクト化を図るかも大きな課題となる。

---

40 義務教育諸学校の施設費の国庫負担等に関する法律施行令では，適正な学校規模（学区の広さ）の条件として，通学距離が小学校ではおおむね4km以内，中学校ではおおむね6km以内であることと定めている。

小中一貫校と学校間連携

　2000（平成12）年前後より，学校単体に完結した変革から，学校間の接続や連携を主眼とした新たな学校の改革が始まる。「中１ギャップ」をはじめとした中学校におけるさまざまな問題行動の原因を，学級担任制と教科担任制などの小・中学校間での制度や仕組み，教育文化や理念の違い，さらには，「同じ義務教育でありながら，継続性・系統性が希薄であり，教員間に根強く存在する相互不信や指導上の責任転嫁が，互いの意思の疎通や共通理解を困難にし，子供たちの学びや人間形成の妨げになっている（小学校中学校一貫教育の検証：品川区）」ことに求め，両者の連携・一体化によって，学校教育の質的転換を図ろうとするものである。単独の学校で生じる弊害や問題行動に学校制度の改革によって対応しようとする試みであり，具体的には，小・中学校の９年間のタイムスパンで体系的・継続的・段階的に学習指導や生徒指導を行うこと，多様な年齢の児童・生徒の混成と交流により人間性や社会性を育成すること，小・中学校を隔てている教員の意識を改革し，学習・生活の指導を相互乗り入れで展開することなどが目標となっている。それは結果的に，従来の６・３制に基づく単線的な学校制度に９年制というオルタナティブを付加し，複線化することにつながっている。その際，９年間を４・３・２年や５・２・２年などのまとまりで構成し，各段階に応じて教育方法に特色をもたせることが試みられている。小中一貫校の端緒は，文部科学省の研究開発学校制度を2000（平成12）年に呉市が受託し，研究指定校として小中一貫の教育課程改善が検討されたことにある。次いで，2002（平成14）年に品川区が小中一貫特区に認定され，2006（平成18）年には，全国初の校舎一体型一貫校として日野学園が開校する。また，湖南小中学校（郡山市）（**図11**）は，2005（平成17）年に我が国初の小中一貫教育を開始した。在来の義務教育制度に疑問を抱いた先見的な自治体・教育委員会によって内発的・主体的に取り組まれる点に特徴がある。

　その後，京都市，宇治市，門真市，奈良県，三鷹市などに広がり，2010（平成22）年には約180の自治体で小中一貫の取り組みが見られる。中学校を中心とした学校改革の必要性に関する長年の潜在的な意識・意欲が，小中一貫という新しい手法を得て，急速に普及したのである。また，地域的・地理的な制約から小学校同士や中学校同士によるこれ以上の統廃合が難しい地域で，統廃合のオルタナティブとして，あるいは，小中併設校からの発展として，小中一貫によって，児童・生徒や教員の数を増やし，小規模校の課題を克服して活性化を図り，教育の質的向上を図るといった取り組みも見られる花背（京都市：2007年），大原学院（京都市：2009

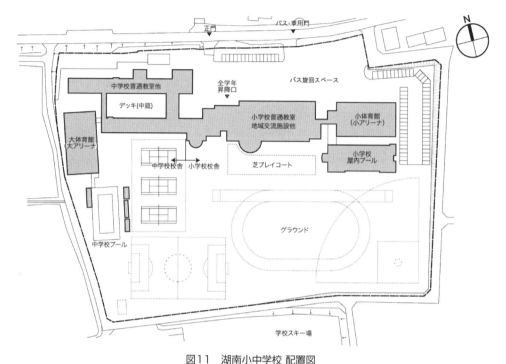

図11　湖南小中学校 配置図
(出典:「小中一貫教育の特色を活かした学校づくり」国立教育政策研究所, 2009)

年), 玄界 (福岡市: 2009年))。そうした小中一貫の進展と多様な取り組みを受けて, 2016 (平成28) 年度より学校教育法が改正され, 義務教育学校として小中一貫校が位置づけられた。

　建築計画の面では, 小・中学校施設相互の関係から, 一体型・連結型・分離型などの施設形態[41]が出現しており, 自治体独自の理念や条件によって多様な空間が実現されている。小中の連関が密に展開されやすい一体型では特に, 小・中学校の領域区分を消し去り, 全体で一つの学校として機能するような工夫も見られる。具体的には, 教員の「同僚性」[42]を高め, コミュニケーションをとりやすくするために一つの職員室・保健室として計画され, 多目的ホール[43]やメディアセンター[44]などは多様な学齢の児童・生徒の活動と交流の場として潤沢に計画される。共用化を図ることで特別教室の一室一室を個性的な空間・しつらえにするなど, 小中一貫の優位性を活用した提案がなされる事例もある (飛島学園 (飛島村: 2010年)) (図12)。また, 出会いを高めるような回遊性のある動線計画や視覚的な連続性を生み出すような開放的な室構成なども一貫校に特徴的な計画である。と同時に, 9年間

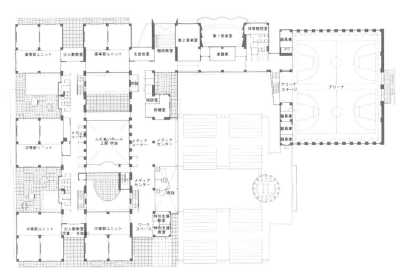

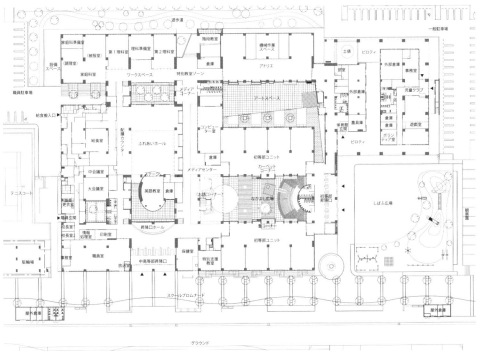

図12 飛島学園（設計者提供：石本建築事務所）

41 小中一貫校は，小学校と中学校の校務分掌組織が一体化し運営される学校である。その校舎の形から，代表的なものに一体型，連結型，分離型が挙げられる。一体型は一つの校舎の中に小中学校が同居しているタイプ，連結型は小学校で使用する部分と中学校で使用する部分が接しながら一つの校舎を形作るタイプ，分離型は小学校と中学校の校舎が一定距離離れて建っているタイプである。

という長い期間を過ごす場として，例えば，低学年は総合教室型，中学年は特別教室型，高学年は教科教室型というように，学年進行にともなう空間的な変化や各領域のアイデンティティづくりなども行われている。

　近年では，小学校を中心に，小中一貫も統廃合も行わずに学校間の連携を図ることで，小規模校の課題を克服しようとする事例（宮崎県五ヶ瀬町，岩手県宮古市，沖縄県国頭村など）が登場してきている。いずれも複式学級の極小規模校が定期的に一つの学校に集合して，異学校混成による単式の学級編制での授業やチームティーチング，小規模校単独では難しい音楽や体育などの集団学習活動を展開している。それによって小規模性にともなう制約や統廃合のデメリットを解消しつつ，逆に両者のメリットを保持・創出することが可能となっている。統廃合のオルタナティブとして位置づけられよう。

オープン化と学校建築の現在—本書のねらい

　学校の変革は，一つの学校を単位とする完結的なものから複数の学校を横断する再編へと移行し，今日では学校という枠組みそのものや学校制度の見直しを図る局面にさしかかっている。こうした変革の直接のきっかけとなり，それ以降の学校づくりに大きな影響を与えたのは，1970年代に始まった学校建築と教育システムのオープン化であろう。オープン化は，1872（明治5）年の学制発布以降，量的・質的充足の要請から，我が国の学校建築が定型化・画一化してきた歴史を根本から改革し，教室と廊下だけの学校に多目的スペースをはじめとする多様な活動場所や居場所を取り込み，学校全体を豊かで多様な学びと生活の場へと変えていった。それにともない，教育方法もホームルームを中心とした従来の固定的・画一的な一斉形

42　我が国の教師は共同歩調志向が高く，同僚との共同歩調をとることで自身の活動や実践を自己制御する傾向があることが指摘されてきた。協働する同僚性のマイナス面である。ただ，学校関係者評価の浸透などこれまでの同僚間の情緒的な絆やつながりを断ち切ってしまうような教育改革の中で，協働する同僚性のプラス面を尊重し，教師の使い勝手を考慮した学校施設整備のあり方も問われている。

43　全学もしくは複数の学年や学級で集まり，学習，集会などさまざまな場面で活用できるよう計画された空間。

44　図書や複数のパソコン，視聴覚教材などが統合して配置された空間をいう。

式を超えて，弾力的で多様な学習形態を生起し，学習の個別化・個性化の流れをつくり出した。とともに，オープン化は，そうしたハード・ソフトの多様化・弾力化を達成したに留まらない多面的な意義を有する。

　それまでは，学校建築や教育制度は自治体にとって触れるべからざる領域（聖域）であり，全国一律の制度によって遵守するべきものであるととらえられていた。それゆえに，学校を改革することや学校に関わる新たな指針・方向性を提示することは，自治体ではなく，当時の文部省（現文部科学省）が専らとするとの考えがあった。これに対して，オープン化の流れは，自治体自らの発意と工夫によって学校の変革が可能であることを示した最初の事例であり，在来のトップダウン型からボトムアップ型の学校づくりへの転換の端緒と言える。あわせて，これまでの「はじめに制度ありき」の学校づくりから即事的で機動性のある「実践ありき」への転換，即ち「制度主導型」から「脱制度型」への転換が図られ，それが今日の個別化や多様化した学校づくりの基盤となっている。

　また，従来の制度やその改革が，学校や教育に関するハード・ソフトのいずれかを対象としたものであったのに対して，オープン化は学校建築というハードの仕組みと教育理念や教育方法といったソフトとを相互連関的にとらえ，一体化させた取り組みの嚆矢である。そのことは特に，「学校建築は『器』としての役割があれば十分である。教育は器の中でいかようにも展開できる」というように，学校建築が教育を収める器として単なる「箱モノ」であり，教育が主で建築は従とする考え方から，「建築は教育を触発し，受容するものであり，両者の連関によって相乗的に質を高めるような学校づくりが重要である」との考え方への転換を図るものである。それ以降，学校づくりにおける建築や空間の重要性が認識され，空間の質を高めるための工夫が展開される。

　教育に特化した聖域として，明治以降，脈々と定型化の足跡をたどり，「変わらない学校」がオープン化を契機として学校のありように関する議論や試行が活発に行き交い，必要に応じてハード・ソフトの教育機能と空間計画の見直しや再編を図ることのできる「変わる学校」へと変容を遂げている。今日では，少子化の一層の進展，学力重視の教育方法，地域コミュニティとのさらなる連携や施設の複合化，一貫校や学校間連携，廃校や空き教室の活用・転用（コンバージョン）[45]，エコ・スクールや長寿命化などのサスティナビリティ，校舎の木造化，避難拠点としての学校など，オープン化を越えて多様な課題への展開が見られ，「学校を変える」ことが求められている。学校のあるべき方向性や可能性とその方法を見通す上でも，

学校づくりに新たな理念的・方法的枠組みを確立したオープン化をはじめとする戦後の新たな学校建築の計画を温(たず)ねる必要があると考えられる。学校変革の時期にある今日，オープン化に先駆的に取り組み「学校を変えた」先人が当時の社会情勢や要求をどのように踏まえて，いかなる教育的・空間的理念をもって計画・設計に取り組み，どのような課題に遭遇しつつ，新しい学校づくりを実現していったかを理解することは，これからの学校づくりに有用だと考えられる。学校を変えるとはどのようなことなのかを今一度，確認することの重要性が高まっている。

また，学校変革の端緒となったいわゆるオープンスクールも，その誕生からすでに40年近くが経過し，草創期の考え方とは裏腹にさまざまな課題が浮上している。多目的スペースの計画方法がいわゆる移動動線を兼ねた廊下拡張型に偏り，学校計画の新たな定型化・画一化を招いていること，多目的スペースは潤沢に設置されるものの，学習形態の多様化や学習の個別化・個性化にはほとんど寄与せずに無目的な場に留まっていること，音の問題から教室が閉鎖化し，多目的スペースとの関係が空間・活動面で遮断されること，多目的スペースの有用性に関する疑義や建設コストの制約などから多目的スペースが縮小，解消される事例の増加など，多目的スペースそのものの形骸化や無用論がわき起こっている。また，計画当初とは社会情勢も教育の考え方，求められる課題も大きく変わってきている。そこで，多目的スペースを有する現在の学校建築をどのように活用していくか，これからの学校建築をどのように計画するかを考えるためには，オープンスクール計画の原点に立ち返って，その理念や方法を理解することが有効だと思われる。

本書では，戦後の学校建築において，学校の定型化・標準化の流れにあらがって，保守的・旧弊的な教育制度に連動するのではなく，子供にとって望ましい環境を実現するための計画・設計や制度づくりに携わってきた6人の研究・設計・行政の先駆者を取り上げる。日本建築学会・教育施設小委員会が2006（平成18）年から2009（平成21）年にかけて連続講演を企画し，先駆者たちが関わってきた仕事を振り返り，できる限り学校改革の黎明期の時代背景や込められた思想・理念も含めて学校建築が作られていった方法や経緯，課題について本人に直接語っていただいたものを講義録として本書にまとめた。アプローチの仕方は各々に異なるものの，制度や指針に依存せずに同時多発的に草の根型で生まれてきたオープンスクールの計画・

---

45 コンバージョンとは，既存建物の用途を変更し，別の用途へと大きく改装を施すことで新しい建物に作りかえることをいう。昔，工場であった建物が，オフィスへ用途変更する場合がこれにあたる。

設計を実践，展開し，あるいは，それを制度面やしつらえ面で下支えしてきた「学校を変えた人」たちの実践の記録である。

　本書は，建築計画研究者・設計者には学校建築計画史の当事者による語りの記録として，建築を学ぶ学生には学校建築計画の成り立ちをより深く理解するための教科書として，教育関係者や一般読者には，校舎を単なるハコではなく，教育環境としてとらえるきっかけとして読まれることを期待している。

参考文献
1) 文部省編「学制百年史」帝国地方行政学会，1981年
2) 文部省編「学制百二十年史」ぎょうせい，1992年
3) 帝国地方行政学会編「わが国の教育水準」1959年
4) 文部省教育施設局工営課学校建築研究会編「新制中学校建築の手びき」明治図書出版社，1949年
5) 日本建築学会編「学校建築技術」1954年
6) 吉武泰水「建築設計計画研究拾遺Ⅰ・Ⅱ—簡易版—」吉武泰水先生を偲ぶ会・世話人発行，2004年
7) 松田昌洋「木造校舎の構造設計基準の変遷」木の学校づくりネットワーク第32号，東洋大学木と建築で創造する共生社会研究センター，2011年
8) 土井幹夫「学校建設計画再考序説」調査季報55号，横浜市，1977年
9) 文部科学省「平成13年度　文部科学白書」2002年
10) 文教施設災害復旧法令研究会編著「文教施設災害実務ハンドブック」第一法規，2007年
11) 川添登，青木正夫，内田祥哉，中山克巳「建築学大系32　学校・体育施設」彰国社，1957年
12) 吉武泰水編，青木正夫著「建築計画学8　学校Ⅰ」丸善出版，1976年
13) 吉武泰水編，長倉康彦著「建築計画学9　学校Ⅱ」丸善出版，1974年
14) 吉武泰水「建築計画の研究」鹿島研究所出版会，1964年
15) 吉武泰水「地域施設計画概論　上（地域施設計画原論）」コロナ社，1967年
16) 菅野誠「日本学校建築史—足利学校から現代の大学施設まで」文教ニュース社，1973年
17) 初等中等教育局初等中等教育企画課教育制度改革室「小・中学校における学校選択制の実施状況について」文部科学省ホームページ
http://www.mext.go.jp/a_menu/shotou/gakko-sentaku/
18) 文部科学省「中央教育審議会」文部科学省ホームページ
http://www.mext.go.jp/b_menu/shingi/chuuou/
19) 文部科学省「文部科学統計要覧・文部統計要覧」文部科学省ホームページ
http://www.mext.go.jp/b_menu/toukei/002/002b/koumoku.html
20) 文部科学省「義務教育諸学校等の施設費の国庫負担等に関する法律施行令」文部科学省ホームページ
http://law.e-gov.go.jp/htmldata/S33/S33SE189.html
21) 寺嶋修康「オープンスペースを持つ学校建築の系譜と展望」学位論文（首都大学東京），2009年
22) 文部科学省初等中等教育局初等中等教育企画課教育制度改革室「学校選択制等について」文

部科学省ホームページ
http://www.mext.go.jp/a_menu/shotou/gakko-sentaku/
23）文部科学省「廃校施設等活用状況実態調査について」報道発表配布資料，2011年
24）文部科学省初等中等教育局初等中等教育企画課教育制度改革室「資料2　小・中学校の適正配置に関するこれまでの主な意見等」中央教育審議会初等中等教育分科，小・中学校の設置・運営の在り方等に関する作業部会（第11回）配布資料，2009年
25）品川区教育委員会「小学校中学校一貫教育の効果検証」2007年
26）文部科学省「資料7　小中一貫教育関連基礎資料」中央教育審議会初等中等教育分科会，小中一貫教育特別部会（第11回）配布資料，2009年

第1章　学校建築計画概論

長倉　康彦　〈ながくら やすひこ〉
※人物紹介は54ページ

●講演日：2006（平成18）年10月11日

　建築計画研究の目的はこういうことではないかと，吉武先生のお考えそのままではありませんが当時の教えを私なりに要約してみます。

　一つ目は，建物の中において営まれる人間の生活・行動・行為と，それを包む空間・建物・設備は相互に影響・関連があって，その間の客観的な関係を見いだすこと。客観的な関係っていうところが大事なんですね。建築の設計者でも非常に鋭敏な感覚をもってらっしゃって，一つひとつの建物について，これをはっきりとつかんで設計されるといいんだけど，いろいろな場面，ケースにそういうことができるわけではない。だから，そういう客観的なものをできるだけ積み重ねようということです。

　その次は，一件一件の計画設計に密度の高い条件分析を期待することができないという現状ですね。地方の建築家とか日々追われている設計者はそういうことが難しいので，そういう人たちに客観的な資料を渡していく。それが一番必要なのは公的集合住宅の計画。

　三つ目に，建設され続けている施設について，アフターケアを含めた調査分析の資料の必要性です。使われている空間とか建物とかそういうものと，人間の生活とか行為とかそういうものの関係をきちっと見て，それをフィードバックして次の計画に使う。

鉄筋コンクリート校舎と標準設計

　図面の名前だけ変えて次の建物にするということは，残念ながら学校建築でも昔話によくあったことです。日本の学校建築では1950（昭和25）年に戦後建てられていったRC造校舎の標準設計[1]ができたんですが，その前は木造でずっとやっていた。明治・大正時代，それから大震災後ですね。そのころ大阪とか京都に，あるいは東京にも一部鉄筋の学校ができました[2]。とっても良い建物ですね。良いってい

う意味は，なにか風格があるんですよ。きちっとしてる。ただし平面形は廊下に教室が並んでるという木造学校並です。そういうのはあったけども，その前後は木造の学校が主だった。

標準設計では教室のプランを7m×9mの方形とし，これを基本形にして，柱の置き方をＡＢＣＤＥの5つに絞っている（図1）。これはその当時，学会の中に学校建築委員会ができてですね，そこで検討したんです。その中で検討されたのがこの5つのタイプなんですね。スパンの真ん中に柱があるのがＥ型（図1のⒷ）。ないのもあるでしょ，Ａ型です。Ｂは2スパンだけれど位置がふれてあるんです。それからＣ型は三ツ割にした形です。Ｄは三ツ割だけど左右スパンがちょっとふれてるんです。

このＡ型は，吉武先生の提案です。スパンの間に柱のある型は，教室の中に大きな梁が入るから空間が2つに割れてしまうので，1スパンにされた。Ｂは，遠藤新さん[3]ってご存じですか。ライト[4]のお弟子さんで，その方が提案された。短い2.25mのスパンのほうは天井が下がってる。ここは先生の立つ側。6.75mの側が生徒。この遠藤新さんは一斉授業に一番良い形としてこれを考えた。天井をちょっと下げ

1　日本では戦後不足している学校整備が急速に進められたが，量的整備が中心で，児童生徒の健康や安全への配慮から，政府が学識経験者に研究を委託しその成果を基に，1949（昭和24）年に木造校舎の，1950（昭和25）年にはRC造校舎の標準設計図が示された。教室の大きさは，明治以来の大きさである奥行き4間×間口5間を踏襲し，7.2m×9mとされた。

2　1923（大正12）年の関東大震災で東京市立小学校は大被害を受けたが，復興事業にあたり東京市は，不燃化構造とするため鉄筋コンクリート建築を採用した。設計規格は東京市臨時建設局が作成した統一規格によるが，外観デザインはそれぞれに独自のものとされており，町の顔として時代の意匠をまとった凝ったものが多い。復興小学校として建築された小学校は全部で117校で，1924（大正13）年から1935（昭和10）年にかけての時期に建設された。

3　**遠藤　新**（えんどうあらた，1889-1951）　建築家でフランク・ロイド・ライトに学び，そのデザイン・空間を自己のものとして設計活動を行った。1917（大正6）年，帝国ホテルの設計を引き受けたライトの建築設計事務所に勤務し，帝国ホテル，自由学園，山邑邸の設計に関わった。終戦後の1949（昭和24）年からは文部省学校建築企画協議会員を務め，戦後占領下の日本における学校建築のあり方に対する提言を行っている。

4　フランク・ロイド・ライト（Frank Lloyd Wright，1867-1959）　ル・コルビュジエ，ミース・ファン・デル・ローエと共に「近代建築の三大巨匠」と呼ばれる。初期の住宅作品のプレイリースタイル（草原様式，Prairie Style）の作品で知られる。基本的にはモダニズムの流れをくみ，幾何学的な装飾と流れるような空間構成が特徴である。代表作に，落水荘，グッゲンハイム美術館などがあり，日本にも旧帝国ホテルなどの作品を残している。

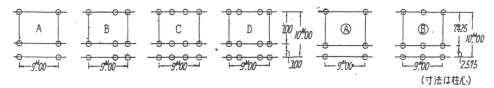

図1　教室の柱割り

て，梁がそこに入る。

　この発表と同時に，構造委員の武藤清先生[5]が，学校建築向けに初めて耐震構造のRC造校舎の設計方法をお書きになりました。当時は耐震設計の方法が一般化していないときで，ラーメン構造[6]設計に大変役に立ったようにお聞きしています。

　三番目のCですね。この三ツ割は考えやすいからこういうのが良いんじゃないか。四番目のDは左側のスパンがふれてるんです。

　それで結局どれが一番使われてゆくか。真ん中に柱を置くE型（Ⓑ型）です。吉武先生の文法にはなかったんです。が，これが一番この中でコストが安い。また，教室の上下や左右に校長室や準備室を作るときに寸法が良いというような理由で，1955（昭和30）年頃から日本の学校建築の大半はこのE型（Ⓑ型）になってきた。Aは時々あるんですけど，少数ですね。

　それから教室は7m×9mで63㎡でしょ。小中学校の標準面積は文部省で定めていて，それは74㎡。木造は4間×5間で64㎡に近い値です。でも柱の太さがコンクリートは大きくなるから，芯々で計算すると74㎡になるという裏話もあった。

　1975（昭和50）年頃に学校建築は誰が設計してるのかを調べたことがあるんです。そうしたら，遠藤新さん，それから谷口さん[7]が慶応大学の幼稚舎を設計されてた。

5　**武藤　清**（むとうきよし，1903-1989）　建築構造研究者。千葉工業大学工学部建築学科の創設者でもある。五重塔の耐震性の高さから柔構造による超高層建築の可能性などを示した。

6　柱と梁の接合部が剛接合され，一体型となった門型の軸組み。自由度がなく完全に固定される状態のことで，主に鉄筋コンクリート造，鉄骨造に使われる構造。比較的大きな空間を造ることができるが，一般的な工法では室内に柱や梁などが張り出すことになる。ラーメンとは，ドイツ語でフレームの意味。

7　**谷口吉郎**（たにぐちよしろう，1904-1979）　日本を代表する建築家の一人。東京帝国大学建築学科卒業後，東京工業大学で教鞭をとった。慶應義塾の幼稚舎（1937），宿舎（1938），大学校舎（1949，1951）をはじめ，東宮御所，帝国劇場，国立近代美術館など，多数の作品がある。明治村初代館長も務めた。

でも我々が知っているっていうか，有名な建築家が設計する学校建築は1975（昭和50）年頃まではほとんどないんです。そのくらい学校建築は標準設計に頼っていた。それを切り崩したのが吉武先生のグループだと思うし，例は少ないが，この時代までに学校建築の設計に携わった研究者たちの力だと思います。

教室の採光

標準設計の窓の詳細について少し述べますが，上から来る光は奥まで届く。まあ当然でしょ。教室の奥行きは7mもあるわけですが，窓から6mくらいのところに一番北側の列の机がありますね。そこが昼光率[8]が2パーセントを割ると，外の光では100ルクスを割っちゃう。外は日中で5万とか8万とかだけど，それがある時に5千ルクスくらいになるとすると，2パーセントでは100ルクスでしょ。だから2パーセントっていう昼光率は一つの目安ですね。

窓から一番奥の列の人は，照明がついてないときには昼光率2パーセントなきゃいけない。昼光率2パーセントというのは，空が2パーセント見えるということ。すると窓は高いほうが効き目があるんです。そこで，見る窓っていうのを下半分にして，採光の窓を上半分にする。標準設計で南側の窓を見る窓と採光の窓に分けるという話は，小木曽先生[9]のご提案だったと聞いています。

でも，それぞれの学校の先生は，見ることのできる窓は運動場などに面しているので，見てはいけない窓にしたい。よそ見しちゃ駄目だ，と。だから外を見ちゃうから下をすりガラスにした。上はなんとなく透明だから光が入るんじゃないかというわけで透明にしてくれという話になって，逆をやってる。こういう教室がたくさんあることはご存じだと思います。

本当はそうじゃない。すりガラスは透明ガラスより若干拡散性があるから，それ

8　室内のある位置における昼光（昼間の自然光）による水平面照度と天井や壁などすべての遮へい物を除いたとしたときに天空によって生じる水平面照度との比を百分率で表したもの。住宅の昼間における昼光率の目安は1パーセントと言われている。室内の昼光率の分布状況を表したものは，「昼光率分布」という。

9　**小木曽定彰**（おぎそさだあき，1913-1981）　東京大学教授，東京理科大学教授，日本大学生産工学部教授を歴任。かつて計画原論と呼ばれていた現在の環境工学研究の分野の中心的役割を担った研究者。昼光光源に関する数多くの研究業績を残しており，その後の環境工学研究の礎を築いた人物の一人。

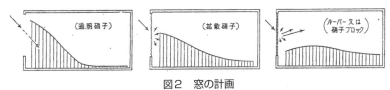

図2　窓の計画
(左から透明硝子，拡散硝子，ルーバー・硝子ブロック)

を上段に使った方が良い。一番良いのは，アメリカで研究された指向性のガラスブロック。ガラスブロックっていうのは普通，外側は滑らかなんですけども，その内側にギザギザを作る。その方向で指向性のガラスブロックになる。窓に近いところから見上げると暗く見える。で，奥のほうに行って見ると全面が明るい。採光の上段の窓の部分にこれを入れるの。この材料はお金がかかりますが，理想のディテールの一つでしょうね（図2）。

総合的研究

　学校建築計画のスタート当時はアルコムの船越先生や亡くなった太田利彦氏[10]たち，その他に東京工業大学の谷口先生[11]たちが仲間でした。

　いつもは子供の机が6列か7列でちゃんと置いてあるけど，給食時間に向かい合った給食体制にするのに何分かかるか。相当かかるんですよ。当時は2人がけの長さ1.2mの木製の机ですね。イスも木製。当時人数はだいたい48人とか50人くらいでした。結構時間がかかるんですよ。社会科の授業でもそうやるのが多いんですね。机を合わせてグループを作る。どうやってグループを作るか，どのくらいの率でやるか，他の教科での頻度はどのくらいかなど。そういうことも調べていました。

　そんなことを克明に調べたってしょうがないと早稲田大学の吉阪先生[12]に言われたんです。重箱の隅をつつくような研究をして何になるって言われたこともある。

10　**太田利彦**（おおたとしひこ，1928-2008）　清水建設株式会社，研究所に勤務した。当時，構造，施工，材料などの生産系が中心だった建設会社の研究所において計画系研究を始めた。設計方法論の研究に対して建築学会賞（論文）などを受賞している。

11　**谷口汎邦**（たにぐちひろくに，1931-　）　東京工業大学名誉教授。住宅団地の研究をはじめ，学校・大学などの教育施設計画，教育関連施設の複合化，公共施設の整備水準など幅広く研究。東京工業大学長津田キャンパスや公民館と複合しオープンスペースを設置した池田町立池田小学校などを計画・設計。

で，初めに挙げた3つの目的を言ってさかんに打ち返したんだけど，やっぱりあんまり打ち返せなかった。

　同じかたちのものを作る姿勢，同じ制度とかシステムでだいたい同じような機能をもったものをたくさん作っていくための建築計画的な研究の意義は大きいと思っていました。ただ，建物全体を見て検討することが大事だし，計画はこういう内容をもつけれど，構造，それから風通し，採光上の課題もあるかもしれません。学校建築に関して，こういう総合的研究の姿勢をもつ集まりができれば良い。

　学校建築委員会[13]は1951（昭和26）年に発足しました。そして標準設計を作ったのが最初の仕事でしたが，この学校建築委員会には環境や構造の専門委員会の先生方も入ってくださる。建築計画的なことは建築計画委員会，環境のことは環境の委員会で，それぞれ中身の濃い研究が行われるのですが，このような委員会のある中で，それとは別に学校建築委員会はできたんですよ。これはとても良いことだったように思いました。総合的研究の場，学校をみんなで調べて，いろんな制約がある中で最適な解を見つけて，また問題点を見つけてという，世の中の設計者に非常に役に立つ総合的な研究をする。そういうことが学校建築委員会でできると思いました。構造の先生でも学校建築委員会に入ってくださるし，委員長になったこともあります。

人口の研究

　集合住宅の団地っていうのは，1955（昭和30）年くらいまでは数棟の集合というような規模が中心だった。ところが，やがては団地が1小学校区を越えるような同時開発例が出てきて，学校規模などが大きいことが研究テーマになってきた。

　「近隣住区[14]」は皆さんご存じですか。近隣住区というのは簡単に言えば小学校

12　第6章，120ページ参照。

13　日本建築学会の学術委員会の一つ。3つの小委員会から構成された。文部省からの委託を多く受けて計画を行った。

14　1920年代にアメリカの社会運動家・地域計画研究者のC.A.ペリーが提案した住宅地の計画理論。小学校を中心とした半径400〜500mの範囲，人口にして8,000〜10,000人の範囲をコミュニティの一つの単位，近隣住区ととらえ，中心部に学校・教会などの近隣センターを配置し，その周りを囲む幹線道路，幹線道路に沿った商業施設，レクリエーション施設，公園などを配置することで，形態的にも社会的にもまとまりのある住宅地を形成しようという考え方。

区を団地の単位規模として計画する考え方。小学校をコアにして，一つの住区を作るというようなことを提案した人がいて，それが諸外国でも使われた。日本流にあてはめてみると人口は8千人か，そのくらいのところで，小学校の子供の数がちょうど24学級くらいになってたんですね。

団地を高層化するとどうなるか。昭和40年代くらいに大いに議論をしたんですけどね。高層化すると1haあたり1,100人かな。300戸くらい入っちゃう。そうすると住区の大きさがだんだんだんだん小さくなるでしょ。例えば300m角で9万㎡。それが近隣単位になる。その真ん中に100m四方の学校をポンと作る。一つ要るんだから。すると残るのは外側100m分。そこへ住宅を建てる。で，上からエレベーターを降りてきて，出るとそこに学校の正門がある。

住宅公団[15]でも研究費を出して研究を始めたし，当然，人口も高密度になるから近隣住区の計画論も変わってきます。変えないと好ましい住戸計画もできないなど，学校建築委員会でも大きな研究テーマになりました。

ここで言っている人口の研究というのは主に子供の数の研究なんです。住宅団地でいえば，子供の数がどのくらい発生するかっていうことから始まった。土肥先生[16]がその道を切り開いてくださったんですが，私の研究室でも私の後の助手をやってくださって，今は教授の上野淳[17]さんなんかに一生懸命やっていただきました。

文部省ではそれまで子供の数が1戸あたり0.45人，中学校は0.225人としていたのですが，調べてみると，公団と公社と都営の団地では子供の数の発生と，特に経年変化が違ってくることが分かりました。10年くらい経っても，公団住宅は子供の数が減らない。むしろ0.45から0.6くらいになった。当時は標準の1戸あたり0.45に戸数をかけたもので学校の規模を計算するのが普通で，それを学年数の6で割って，そして1クラスあたりの標準数で割ってクラス数を出し，そのクラス数で設計す

---

15 日本住宅公団は，かつて戦前に存在しGHQにより解体させられた住宅営団（旧同潤会）を参考に，日本住宅公団法により1955（昭和30）年7月25日設立された。住宅に困窮する勤労者のために住宅および宅地の供給を行ってきた。その後，住宅・都市整備公団，都市基盤整備公団を経て，2004（平成16）年より，都市再生機構となる。

16 **土肥博至**（どひひろし，1934- ）筑波大学教授，神戸芸術工科大学教授・学長を歴任。日本住宅公団で高蔵寺ニュータウン，筑波研究学園都市の計画を担当。

17 **上野　淳**（うえのじゅん，1948- ）東京都立大学教授を経て，現在首都大学東京学長。長倉研究室で学位を取得した後，学校建築をはじめ，病院，高齢者施設，子供施設，都市環境，環境心理など幅広く研究。

る。そういう仕組みでした。そんな杓子定規じゃ駄目だろうということが分かってきた。こういう研究なんですね。

　しかし公団居住者はどんどん住み替えをする。子供が大きくなってくると転居してしまう。40㎡や50㎡の住戸は狭いから。だから転居率が高いということでしょうか。今，住民票を調べるのはなかなか難しいんだけども，30年前は住民票は全部調べられた。出張所に行って住民票を何百と見るわけです。そうすると都営住宅はそのまま居つく傾向が大きい。子供が大きくなっても転居しないから，学校年齢の子供の数が減っちゃうでしょ。しかし，住宅公団の団地は減らないんですよ。その後に若い新しく入ってくる人がいて，それで子供の数があまり減らないということらしいです。

　だから同じ2千戸の1団地近隣住区を作るにしても都営住宅，集合住宅，住宅公団の種類によって，学校規模の経年変化も異なるということのようでした。これは現状ではもっと複雑になっていると思います。

学校規模

　学校規模はどのくらいが良いか。学校教育法では小・中学校とも12から18クラスを標準とするとある。埼玉県の選択制高等学校の計画はとても面白かった。72クラスの高等学校を作りたいって言って私のところに来られたんです。とんでもない，大規模なものは駄目だと一概に思い込んでいるような節が私にもあった。とにかく1980（昭和55）年頃っていうのは子供の数が大いに増えている頃ですね。だから72クラスの学校を作りたいと。

　それで，いろんなことを調べました。大規模校の調査をいろいろやってみました。アメリカの学校規模を論じた「大きな学校，小さな学校」[18]という本をご存じでしょうか。それにはね，「行動場面」[19]に参加する度合いで，小さい学校と大きい学校

18　「大きな学校，小さな学校—学校規模の生態学的心理学」R.G.バーガー，P.V.ガンプ著，安藤延男監訳，新曜社，1982．本書の中で，著者は行動場面の調査を通じて，生徒の活動活性化のためには，生徒一人ひとりに積極的な役割を担わせられる環境を用意する必要があり，大きな学校より小さな学校のほうが適していると指摘している。

19　「大きな学校，小さな学校」で用いられている生態学的心理学の中心概念。空間的・時間的な境界によって区分された活動の単位のこと。

がどう違うかを調べたことが書いてある。

　私は，生徒が先生の顔を知ってるかってことを気にしたんです。校長先生は生徒400人くらいまで，それ以上は覚えられないって，よく聞いたことがありました。そこで子供全員に，自分の学校の先生をどのくらい知っているかって聞きました。そうすると，もちろん朝礼の体操なんかやってる先生はみんな知ってます。だけれども，ある先生は全然知らないというようなことが出てきた。自分の部活動の先生なんてもちろん知ってる。担任は当然。そこで，さかのぼってどこの担任で，どのクラブ活動をしていたか先生の前歴を調べるんです。全部調べて，それと生徒を照合したんです。6つくらいの学校を調査させていただきました。

　高校の場合ですが，先生の顔を知っているのは一つの学校で30人くらい。それ以上は知らない。30人の先生がいる規模の12クラスから15クラスくらいまでの学校しか，全員の先生を3年間で知らないことが分かりました。それだけじゃちょっと弱いけども，少なくとも大規模な学校はまずいということになるだろうと発表したり，それからPRしたりしました。

　さて，その72クラスの学校をどうするか。学校内学校[20]を作ろうということになりました。72クラスの学校の中に，小さい学校を6つ作ることを提案して，それについて計画を立てました。学校の外に，対抗試合に出ていくときにどうするかというような話も出てきました。中で6つの学校が戦って，一番強いのが出て行くことで得心してもらいました。教頭さんを全部校長代わりにして，学校内学校ってことでこれらを切り抜けたことがあるんですね。

人体寸法

　人体寸法の研究は，建築計画の研究の始まりの一つなんです。当然，年齢別に背伸びしたとき，イスに座ったとき，正座したとき，それぞれの目の高さ，手の届く高さなど，こういう寸法の平均値を出した。

　当時，具体的に研究されたのは船越先生とか，それから高瀬さん[21]，守屋さん[22]

20　Schools within a school. アメリカで1980年代後半に，一つの大規模な集団ではなく，縦割り編成などにより学校をより小さなグループ単位（House, Family, Neighborhoodなどと呼ばれる）に分割していくほうが，教師と児童・生徒との関係が深まり教育効果も上がるとした調査報告に基づいて実践された学校の運営方法。共有施設を持ちながらも教師や運営組織も含めて独立性の高い小さな学校に分割するケースもある。

たちでした。年齢別の各人体寸法は，すべて正規分布の標準偏差を出しておられる。平均から標準偏差の1倍までの山の中に入るのが85パーセント。それから2倍をとると93パーセント。3シグマとると0.135パーセント。標準偏差があると，いろんなことに使われます。例えば黒板は，男の大人の3シグマ以上はほとんど手の届く人がいないと考えて高さが決められる。ただし，この20年間の変化を，小学校1年生7歳，あるいは13歳くらいで比べると10cmほど違いますね。平均身長ですよ。だから昔作った建物は寸法計画が駄目になっちゃう。

人体寸法の研究は，基礎基本中の基礎基本だけども，その後の人体寸法の変化があるという流れの中で，誰か機会があったら目を向けてくだされば良い。

学校建築の使われ方

これまで日本の学校は，普通教室と特別教室で構成するのが普通で，その特別教室がいくつ要るのかということが研究の繰り返しの一つでした。踏み込んだ検討では理科の先生，音楽の先生などすべての先生に，この時間は特別教室が要るか要らないかを聞くなどしました。これは最初の手がかりでしょう。学習指導要領に基づいて，特別教室の数はどんどん増やすってわけにいかないし，また減るは減るで問題があるわけですね。また，長い期間に教科の種類や内容も変更されますからね。

1954（昭和29）年に，私が学校建築の計画の研究を始めるときに全国の600校を抽出して1年分の時間表を送ってもらったんです。時間表を解析したら変な学校がたくさん出てきた。それが教科教室型[23]の運営をしている学校だった。

あの頃だからあったんです。12，13パーセントくらいの学校の数で，教科教室型をやってたんです。だから決して新しいものではない。つまり教室の数が足りないから，ある曜日の3年3組のクラスの教室は理科室に，その逆もありました。そうすると教室の数が少なくてすんで，教科教室的になります。

---

21 **高瀬隼彦**（たかせはやひこ，1930-　）建築家。東京大学卒業後，サンパウロ万博の日本館建築のためにブラジルに渡る。その後ハーバード大学大学院修了，アメリカで永く設計活動を行う。

22 **守屋秀夫**（もりやひでお，1931-2000）図書館計画が専門。東京大学修了後，芦原義信建築設計事務所を経て千葉大学教授，昭和音楽大学学長を務めた。

23 普通教室を持たず，すべての教科に専用教室を設置する型。生徒は教科毎に専用の教室に移動して授業を受ける。

そういうところから出発して，教科教室型の研究を大分やったんだけど，1965（昭和40）年頃にイギリスに行ってみると，教科教室型をやってるわけです。自分の本拠地をもっている教科教室型なんです。本拠地とはハウスとかホームベース[24]とかです。その実は一つの教室の３分の２くらいの大きさ。そのくらいで，食事や自分のロッカーや相談事など，雑多に使うわけだからね。それくらいで多分いけるでしょ。しかし，これなくしては成り立たないと思い，私も真似して２，３校は計画しました。

十分考えた教科教室型はやっぱり面積が必要です。中学校の場合３年ですと，標準面積では教科教室型で３学年分のハウスを作ることは無理ですね。１学年分だけ作ることは，私もやってみてできないことはない。だけど３学年分のクラス数全部にハウスを作るっていうのは，当時，もうちょっと面積がないと無理という状況でした。

山形の学校で教頭先生が一生懸命頑張られて教科教室型を実施した例がありました。それはもう一番最初の時期，1957（昭和32）年から1958（昭和33）年頃だったかな。そういうところで１週間，船越先生と太田先生と泊り込んでいって，クラス全員がこっちの教室を出て，次の教室に来るまでの経路は，そして何分かかるか，そんなことを調べた。だけども所詮は本拠地がないのは，やっぱりまずかったと思うんですね。だから普及しなかった。で，ハウス制っていうことを言い出してから，わりと受け入れてくれるようになった。

で，さらに分割授業だとか単位制，講座制みたいに，一つのクラスが分かれてあっちこっち行くっていうのが今日の状況です。今の中学校，高等学校でそういう傾向が少しずつ強くなってるから，教科教室型は対応しやすくなっている。きちっとした形ではさまざまな可能性があるし，そういう追跡をできたらやりたいと思っています。

オープンスクール

それから画一化・定型化した教育施設の計画についてです。1894（明治27）年に

---

24 教科教室型の学校ではホームルームとなる教室がないので，かわりに生徒の生活・休憩・交流の拠点，また個人のロッカースペースとして設けられる。設置形態としては教科教室に隣接して設ける，学年毎にまとめて設けるなどがある。

木造校舎に関する訓令が出て，それから日本の学校建築の計画内容は全部同じになったっていう，私の十八番の話。鉄筋校舎になっても計画のあり方は踏襲してるんですね。同年齢の50人くらいを一つのクラスに入れて，クラス毎に，クラス全員を相手に授業を提供していくための教室を作る。それは一番合っているかもしれない。だから諸外国，世界中もそれをやってきた。それで昭和40年代に，一斉授業だけではこれからの教育はまずいという話が出てきて，オープンスクールを目指す話が出てきます。

オープンスクールです。これは一斉画一授業ではなくて，一人ひとりの子供たちの側に立った学習をできるだけ取り入れて，学校を経営する。それには学校建築も対応させなくては，ということになりました。

福光中部小学校（図3）[25]は公立校では最初の例です。この学校は囲まれた普通の教室を作るのをやめた日本で最初の学校なんです。その2年くらい前に加藤学園[26]という槇先生[27]の設計された私立の学校があります。オープンスクールの先駆けでした。ラーニングスペースのところが特に広いでしょ。4教室分ある。こういうスペースがこれから要るんだと。

日本の場合は，本家本元のイギリスやそれを移入したアメリカとは違うんです（図4，5）[28]。一斉授業も教室の一方法として残した上で，改革をやろうという考えです。けれども，アメリカとかイギリスでは一斉授業は全く駄目ということに対

---

25 富山県福光町では1965（昭和40）年から教育の個別化が進められ，新しい学校づくりが模索された。福光中部小学校は1978（昭和53）年に南部小学校（1972）に続いて建てられた。学年ユニット（4教室＋オープンスペース）に2mグリッド上を可動間仕切りが自由に動くシステムとし，徹底したフレキシビリティが追求されている。

26 1972（昭和47）年に我が国初のオープンプランスクールとして建てられた。当時のアメリカのオープンプランスクールをモデルとしており，教室は16m×16mのオープンな空間で，ここに複数の学級が入る。また広々としたメディアセンターを中心に設けるなど当時としては画期的な試みがなされた。序章も参照のこと。

27 槇　文彦（まきふみひこ，1928-　）建築家。代表作に名古屋大学豊田講堂，スパイラル，幕張メッセなどがある。海外にも作品が多く，プリツカー賞，UIA（国際建築家連盟）ゴールドメダルを受賞。学校や幼稚園の作品も多く，特に加藤学園は日本初のオープンスクールとして学校建築に大きな影響を与えた。

28 日本のオープンスクールは英米の先駆的オープンスクールの影響を強く受けている。しかし同じオープンでもイギリスとアメリカでは建築のタイプが異なり，イギリスは小規模で性格の異なる空間が有機的に連続する構成であるのに対して，アメリカでは大空間を設けるタイプが主であった。

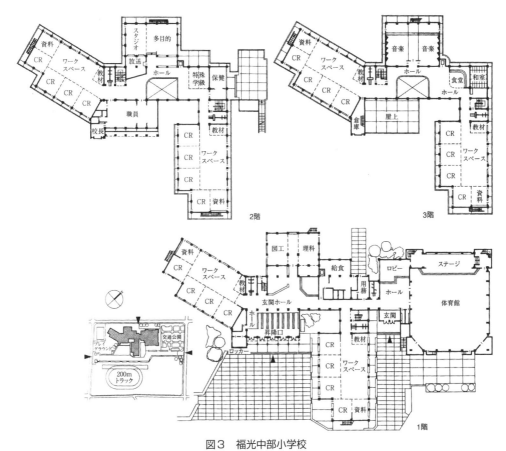

図3　福光中部小学校
(出典：「建築設計資料集成［教育・図書］」丸善，2003)

応した学校建築もあります。子供の一人ひとりであったり集団であったり，子供が要求してる形をうまくとらえて授業展開できる学校建築を作ろう，と。だからアメリカは，体育館みたいなラーニングスペースを作った。イギリスは違うんです。子供が使えそうなコーナーをたくさん作るなどです。

　福光中部小では，間仕切りを引っ張り出してくるとクローズドに普通教室ができるが，間仕切りを畳むとこれはいろんな活動ができる広いスペースになる。この形式に取り組み始めると，この間仕切りは要るのか要らないのか。暖房や冷房の操作をどこでするのか。壁につけるコンセントはどうするのかといった問題が出てくる。そこでコンセントは天井から降りてくるのを作ってもらいました。可動の戸棚や収納具，大きい何人用かの机等々も必要になります。

図4　イギリスのオープンスクール　ギルモント小学校
（出典：「コンパクト建築設計資料集成」丸善，1986）

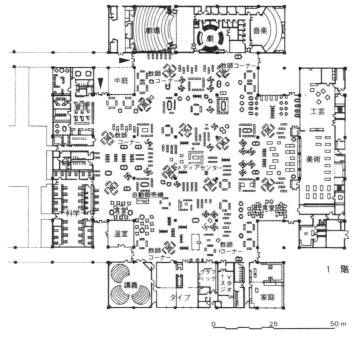

図5　アメリカのオープンスクール　ファニタ高校
（出典：「コンパクト建築設計資料集成」丸善，1986）

小学校で，一斉学習をやるところと，ワークスペースも全部使って，総合的学習や個別授業を行うところがあります。隣のクラスと一緒の学習展開，そして食事や会合などもある。さて，机がピシッと並んでいる教室なら，机の大きさと空きの寸法を足し合わせていけば教室の寸法が出る。でも，自由に使うスペースなら面積はどうなるか。今日は机はこっち向きに置いてある。明日は違うふうに置いてあるかもしれない。

　それで山崎（俊裕）先生[29]と，密度感の研究を始めたんですね。それは，実物の人を使ってやるっていうのはとても難しい。そしたら，どなたかがイギリスの人形を探してきた。一つひとつの顔が違って，洋服も全部違うようなのが300体くらい。それを，並べるととても面白い。座ったり立ったりいろんなことができるわけ。戸棚や机なんかもあるんですよ。

　それをいろいろ配置して密度が高い低いとか，たくさん繰り返してやってみた。そうしたらいろいろなことが分かってきたのですが，密度感にまとめると，1人あたり3㎡から4㎡が良いということになった。これは覚えておいていただくと良いですよ。つまりホールとかロビー状とかそういうところで，人は動きたくなるわけでしょ。だけど人をかき分けて行くんじゃ良くない。だから行けるって感じはどのくらいか。だけどあんまり空き空きだと寂しくてしょうがない。普通の一斉画一授業の教室は1人1.5㎡とか1.65㎡です。だけども，スペースを自由に使うラーニングスペースにはその倍いるという結論に達しました。

　オープンスクールで一斉授業をすると教室の声が漏れるという話がありました。落ち着きもない。今でもそういうことおっしゃる方もまだまだいる。つまり一斉画一授業だけをやる教室だったら良くないですよ，確かに。締め切っちゃったほうが良い。窓だってすりガラスにしちゃったほうが良いしね。やはり一斉画一授業だけの学校だったらこんなことしないほうが良いのです。

　テレビで有名な人が小学校とか中学校の母校に帰って，いろいろな授業をするという番組があった。そこでやっているのは大部分というか，ほとんどは個別化授業です。一人ひとりの子供を勇気づけるようなことを展開している。教材なんかもそういう意味での教材ですね。有名な歌手や写真家や文学者による母校での授業です。

29　山崎俊裕（やまざきとしひろ，1958- ）　東海大学建築学科教授。長倉研究室所属当時は，環境心理や環境行動の視点から病院や学校などの施設計画を考える研究を行っていた。

それらの授業を，ある期間，学校のどこでやっているか調べたんです。そうしたら，大部分は教室ではできない。音楽室を使う人はいる。それから簡単にいえば，体育館が一番多いんですよ。オープンスペースだからね，体育館は。そこでいろんなことを試みて，いろんなやり方をする。一人に分けたり，グループに分けたり，好きな人に分けたりする。それから外がある。これもオープンスペースですから。

リニューアル

最後に，リニューアル，リモデル，これについてご存じのことと思いますが，少し申し上げてまとめに代えさせてください。

主に1968（昭和43）年の十勝沖地震，1978（昭和53）年の宮城県沖地震の結果，建築法規の耐震基準が変えられて，1981（昭和56）年から耐震設計の新基準[30]が適用されることになった。したがって，この年から以後の基準適用建物は耐震化されていると判断されて，学校建築にもこの適用を基に各種施策がされています。

耐震性の統計では，学校建築の場合，棟を単位にしたものが発表されています。なお，これは諸貫幹夫先生[31]と一緒に調べたことなんですが，2008（平成20）年の全国小中学校の棟数の総数127,164棟について，1982（昭和57）年以降の棟数は48,845棟，全体の38.4パーセントであり，これに1981（昭和56）年以前の基準適用の建物ではあるけれど，耐震診断済により耐震性ありとするもの30,370棟を合計して，62.3パーセントが耐震性ありと診断されている。そして，残りの棟のうちには，耐震診断がすんでいない古い棟4,840棟が含まれ，それも入れて47,949棟が耐震性がない棟とされる。実に37.7パーセントの棟に耐震性がない。大変な数です。

新旧の棟が入り混じって行われてきたこれまでの小中学校建設の状況では，以下のような考察では，一部不向きとする部分が多いと思われますが，校舎保有面積を基に老朽化の状況も取り上げておきます。学校建築において老朽化は，築後47年以上で線引きするという説があり，日本の小中学校校舎にこれを当てはめると，47年

---

30 1978（昭和53）年の宮城県沖地震が契機となり，1981年（昭和56年）6月1日から新耐震基準が施行された。新耐震基準では震度5の地震では，建物にほぼ影響がなく，震度6強から7の地震が起こっても建物が倒壊せず，中の人の安全が確保できる建物が要求される。新耐震基準では建物の自重の20％以上の水平力を受けても壊れないことが目安となる。

31 人物紹介（54ページ）参照。

以上の床面積は2005（平成17）年で全国で269万㎡となっています。さらに昭和50年代の，閉じられた教室や学校から開かれた教室・学校への変革，つまりオープン化が始まる以前，仮に30年という線引きをすると，35パーセント程度の面積部分が古い標準設計時代の建物面積と計算されます。

　老朽化した建物面積は，耐震性のない建物面積に含まれるところが大きいと考えられます。まずは耐震改修を急がなくてはならない。窓にX字型の鉄骨がはめ込まれた校舎が最近目につきますが，現実的な課題として，少なくともこの措置をとることが必要です。しかし，窓にX字の入っている教室は，荒々しい。美しくない仮設教室でしかないといえます。サッシュや建具，水回りなどが特に汚れて，汚い環境部分が多くある。

　そして，特に大事だと思うのは平面計画が老朽化している部分です。耐震化の終わっていない時期に，あえて質的老朽化の課題を大きな声で言うことを許していただきたい。

● 人物紹介　長倉　康彦〈ながくら やすひこ〉

諸貫　幹夫（巴コーポレーション）　東京都立大学卒業，1976（昭和51）年，長倉研究室修了

　1929（昭和4）年，東京に生まれた長倉康彦は東京大学・建築学科に進み，そこで建築計画学の創始者である吉武泰水に出会い，師事することとなる。大学院進学に際し，吉武先生から研究テーマとして『学校建築』を勧められ，その後，この分野での多面的な研究と実践により，我が国の学校建築の発展に多大な貢献をするとともに，長年，第一人者として活躍をしてきた。

　吉武研究室では当時，施設の実際の使われ方をきめ細かく徹底的に調査して，施設用途毎に特性を見いだし，課題を抽出整理して施設のより良い計画・設計のための資料を蓄積することが行われていた。大学院に進んだ長倉康彦は，同じ研究室の船越徹，太田利彦たちと学校建築についての研究を精力的に進めることとなった。初期には，全国の中学校から学級別の時間割を入手して，実際の授業がどこで行われているのか，学級教室（いわゆる普通教室）と特別教室がいくつ用意され，どのように使い分けながら授業が展開されているのかを調査している。その当時，少ない教室数で授業を行うために，今でいう『教科教室型運営』を行っている学校が多数存在したことを知り，その特質や課題を研究している。

　その後，日本建築学会に置かれた学校建築委員会の委員や委員長として，建築サイドから学校を今日的な課題に応えてゆく研究や提案を行ってきた。児童・生徒増に対処した学校建築の量的な整備という課題に対しては，当時欧米で進められていた，鉄骨によるシステム工法を参考にして，鉄骨造校舎の標準設計。建設され始めた住宅公団や東京都による大型住宅団地での児童・生徒数発生予測による学校規模の研究。過疎地における小規模校の計画のあり方，都市部での狭隘な敷地での学校計画のあり方など，学校建築に関係する課題を多面的，多角的に研究し続けたのである。

　東京大学から東京都立大学（現首都大学東京）に移り，長倉研究室を構えてから，その活動はより精力的で幅広いものとなる。長倉康彦の姿勢は，学者面して理想論を掲げるのではなく，調査研究・課題整理・解決策提案・実践というサイクルを回すものであった。これは当時，イギリス文部省の研究チームが建築家，教師，教育学者，行政と一体となって進めていた，より良い学校建築を広めるための実践に通じるものがある。

　使われ方調査を基本とした徹底した実態調査から学校毎の特質と課題を見いだして，計画・設計条件を整理して計画案をまとめてゆく姿勢は一貫し，多くの学校の設計に関わってきた。明治以来，我が国の学校建築の形として定型化してきた『片側廊下型校舎』から脱却した新たな学校建築づくりでは，我が国のリーダー的な役割を果たし，その代表例とも言えるのが，1978（昭和53）年に我が国で初めて，公立学校のオープンプラン小学校となった福光中部小学校である。この頃，欧米の新たな学校建築の動向も踏まえて，新しい学校建築のあり方として，NHKブックスから「開かれた学校」を出し，建築界だけではなく教育界にも影響を与えている。この中で，これからの学校建築は児童・生徒の生活の場としての豊かさ，一人ひとりの個性を尊重した多用な学習活動を支えるフレキシビリティ，地域の活動を支える地域に開放できる設えをもつべきことが語られ，その後の多くの学校建築計画に多大な影響力をもつこととなった。この新しい学校建築像の全国展開のために，『21世紀教育の会』の理事長として全国で講演や指導にも携わり，教師を目指す学生たちにも筑波大学での授業をもっていた。その行動は研究者の枠に留まらず，『新たな時代の新たな学校建築づくりの運動家』としての顔ももち，現在なお，活動中である。

第2章　建築計画研究から生まれた設計

船越　徹 〈ふなこし とおる〉
※人物紹介は71ページ

●講演日：2006（平成18）年11月24日

　私のほうは戦後の小・中学校の変化・発展を考察してみたいと思います。大きな目で見た学校と，私個人の感情も含めてお話し申し上げますが，1985（昭和60）年以降は非常に簡単にお話しします。

片廊下型

　成蹊中学校（1950年，私立）は吉武先生が設計された学校で，おそらく建築家が設計した学校としては戦後第一号ではないかと思います。成蹊中学校は長手方向のスパンは若干短かく1スパン構造です。これは1階だけ梁が影をつくる（天井なし）ためです。

　窓の真ん中に内法がありルーバー庇[1]がついていまして，上がすりガラス，下は透明ガラスです。すりガラスは光を拡散させて，直射光はルーバー庇が遮る。これは東大の環境の先生であった小木曽先生のアイデアとうかがっています。他にも細かいことをたくさん考えていらして，省略しますが，ただ一つ失敗したのは上下足の履き替え[2]だと，吉武先生はおっしゃっていました。要するに，泥が室内に上がってきてしまうということです。そこで吉武先生は履き替えの研究をなさって，校門と教室と校庭と昇降口の位置で，どういう場合にうまくいく，いかないかをはっきり結果として示された。

　西戸山中学校というのが1950（昭和25）年に文部省のモデルスクールとしてでき

1　ルーバー（細長い板をすき間を空けて平行に並べて組んだもの，断面はカタカナの「ミ」の字に見える）を用いた庇。直射日光を遮りつつ，拡散光は庇の下に入り込む。

2　建物の内外で上足と下足とに履き替えるシステムには，面履き替えと，線履き替えの2種類がある。面履き替えとは，下足箱の前では上下足の混在を許容し，そこを履き替えゾーンとする方式である。これに対して，上下足のゾーンを明確に区分する「履き替え線」を定めるのを線履き替え方式と呼ぶ。

ました。ただ，採光の話が誤解されて（第1章参照），すりガラスが下になって透明ガラスが上になっています。

クラスター・前室型

成蹊小学校（1951年）（図1）は木造平家で，履き替えや身の回りのものを処理するスペースである前室で廊下を教室群から離したために，一種のクラスタープラン[3]といえるでしょう。教室は正方形で二面採光です。その他にもいろいろな工夫がされていました。

宮前小学校（第一次，1955年）は成蹊小学校を2層に積んだ形で，教室と廊下が離れていて階段がありますから，廊下の面積が非常に少ない。その頃は文部省の補助基準が児童1人あたり2.97㎡だったと思います。

長倉先生，私，太田利彦さん，そういう仲間で作ったという感じで，朝鮮戦争が終わり鉄が余ったときに，鉄骨造の学校ができないかということでした。鉄骨造というのは当時斬新で，日本にはまだH型鋼というのはありませんでしたから，鉄板を溶接してH型鋼を作るとか，そうすると柱が歪むからどうやって直すとか，いろんなことがありました。それから2階のスラブは数センチの厚さの薄いPSスラブ[4]を使いましたから，上の階で椅子を動かすと下がうるさいとか，断熱性が悪か

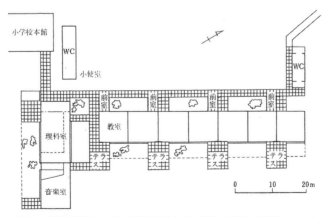

図1　成蹊小学校（出典：「新建築学大系29 学校の設計」彰国社，1983）

3　序章参照

4　PSスラブは，鋼材を用いてコンクリートにあらかじめ圧縮力をかけた状態で強度を高めた床。

ったから問題があったり，いろんなことがありましたが，本格的な片廊下でない学校の最初だったと思っています。

　この青渓中学校（1956年）（図２）は兵庫県の田舎にある６クラスの小さな中学校で，これも面積はむちゃくちゃ苦しい。かろうじてこの面積の中でやりました。真ん中に体育館を置いて。これはRC[5]です。

　ここの校長先生の粘りにはまったく参るくらい。製図室に毎日みえるんですね。それで我々の製図板の前に座り込んで，ここはこうしてくれ，ああしてくれとやるんですね。大変熱心な方で，面白い学校ができたんじゃないかと思います。

　目黒区立第一中学校（1960年）（図３），これは大変なメンバーでやったんです。内田祥哉先生[6]，それから真ん中に私がいて，図面を描いたのが原広司さん[7]です。これは全部できなかったんです。高層棟の４階建てのはできたんですが，他の部分が。面積がないのにいろんなことをやろうとしたらこうした学校になりました。長

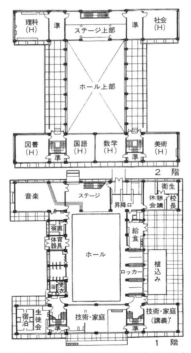

図２　青渓中学校（出典：「建築設計資料集成４」丸善，1965）

5　鉄筋コンクリートのこと。

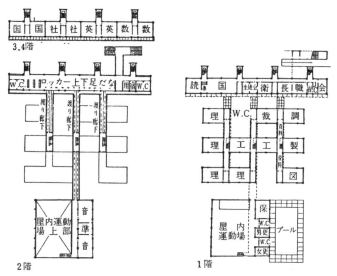

図3 目黒区立第一中学校（出典：「新訂 建築学大系32 学校・体育施設」彰国社，1970）

倉康彦先生はこうしたクラスタープランはお好きだったと思います。他にいくつも中学校や高等学校がありますけど，クラスタープランでできたのが多い。私もクラスターでやってます。小文間小学校（1963年）（**図4**）もどちらかといえばクラスタープランかな，と思います。長倉先生の学校では私はこの学校が一番好き。いいプランだと思います。ぜひ資料集成でご覧ください。

その次に，三沢市立第五中学校（1965年）というのがありますが，これは教養学部にいらした広部達也さん[8]の担当。当時も教養学部の助手だったんですが，吉武研究室に出入りをしておられて。これは十勝沖地震のときにはブレースは破断しただけで，壊れませんでした。

6 　内田祥哉（うちだよしちか，1925- ）　建築構法を専門とする東京大学名誉教授。建築のシステム化と建築構法に関する研究成果は，プレハブ住宅から超高層建築まで多大な影響を与えている。主な建築作品に佐賀県立博物館，佐賀県立九州陶磁文化館。代表論文には「建築生産のオープンシステムに関する研究」がある。

7 　原　広司（はらひろし，1936- ）　建築家、東京大学名誉教授。代表作に田崎美術館、京都駅ビル、梅田スカイビルなどがあり、住宅から公共建築まで設計作品は多数。研究では集落研究や記号論研究を行い、学校建築では那覇市立城西小学校、つくば市立竹園西小学校などが知られる。

8 　広部達也（ひろべたつや，1932- ）　東京大学名誉教授。東京大学教養学部において図学の教鞭をとった。

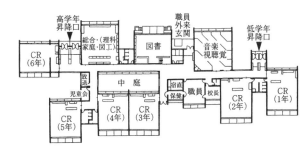

図4　小文間小学校（出典：「建築設計資料集成［教育・図書］」丸善，2003）

ワークスペース

　真駒内小学校（1963年）（図5）は吉武研究室で私が一人で担当しました。大勢の院生たちは，全国の新制大学の建築計画の教育を充実させるために全国に散っていきました。私は建築学科の設計製図担当の助手，吉武研の助手を兼ねる立場で一人残されたのです。実施設計の人手がないために図面は共同建築事務所に手伝っていただきました。これはやはり，1人あたり2.97㎡でできています。だから廊下の面積をいかに減らすかが眼目になっておりました。この学校は，実は高山研究室[9]で設計された真駒内団地の中の学校で，吉武先生は，ここに立派な柏の木があったので，学校の敷地を柏の木のあるところにしてくれって高山先生にお願いしてくださって，敷地をわざわざ変えて木のあるところに学校を置きました。

　その柏の木に雷が落ちて，大木だったんですが，倒れてしまいました。見ると中が空洞になっていて，寿命だったんでしょう。残念ですが。

　低学年教室を見ると，1年が4クラス，2年が4クラスなのを2クラスずつに分けて，これは日本で初めてだったと思いますが，2クラス一緒にワークスペースを作りました。この頃は便所をなんとかして低学年教室の近くに作ろうとしていました。いわゆる前室的なもの，コート掛けとか掃除用具とかを置くスペース，そして割に広いワークスペースです。

　当時としては最も面積をとって，いろんなことを考えたワークスペースではない

9　**高山英華**（たかやまえいか，1910-1999）　東京大学名誉教授。日本の近代都市計画学の創始者と位置づけられ，高蔵寺ニュータウンほか多くの地域開発、都市開発などの事業に貢献し，都市計画分野に大きな足跡を残した。

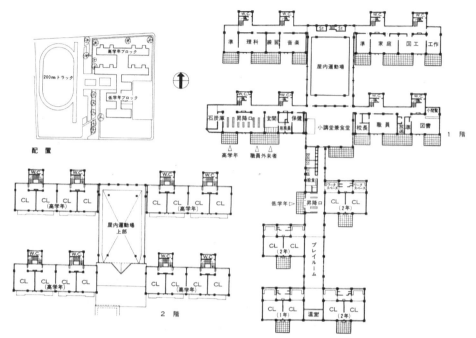

図5　真駒内小学校（出典：「建築設計資料集成4」丸善，1965）

かと思います。ここから入ってくると他人の教室の前を通って自分の教室に入るので，最初は心配でしかたなかったんですが，問題なしに受け入れてもらえました。

　教室とワークスペースの間のレベル差は階段2段分でした。これは，私がワークスペースとしては良くできたと思いましたが，学校建築についてもっと違う方向に考え始めました。ライト[10]やアアルト[11]を真剣に勉強したんです。アアルトの住宅分析なんかをやったんですが，クラスタープラン的なものは，この学校が最後です。

　吉武研の次の学校は七戸城南小学校（1965年）（**図6**）です。その頃，私は研究室全体のマネージャーのような立場にいまして，大学院の人たちが設計を担当することを尊重しながら，入札の仕方とか，細かいディテールをチェックするとか，そ

10　フランク・ロイド・ライト　第1章，38ページ参照

11　アルヴァ・アアルト（Alvar Aalto, 1898-1976）　20世紀を代表する世界的なフィンランド人建築家。その活動は，都市計画，建築から家具，食器，絵画まで多岐にわたる。代表作に，ヘルシンキ工科大学，フィンランディアホールなどがあり，曲線を生かした有機的なデザインや，木材・煉瓦などの素材を活かした空間が特徴的である。

第2章　建築計画研究から生まれた設計　61

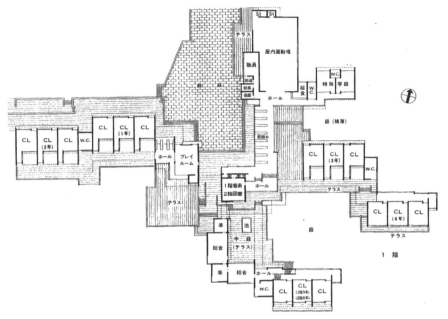

図6　七戸城南小学校（出典：「建築設計資料集成4」丸善，1965）

ういうことをコーチいたしました。チーフにはできるだけ任せました。これを担当したのは筑波大学に行かれた下山眞司さん[12]で，ある意味では大変優れた，ある意味では大きな問題があった設計だと思っています。

　トラック側に八甲田山が見え，前庭みたいなのがあって，低学年はこちら，高学年はこちらというふうにウィングに分かれるんですが，学校全体が中央でまとまるようになっている。真ん中にはちょっと高い，アアルトのセイナヨキの役場[13]のような中心があります。あんなに高くはないですけども，高いところを創っています。

　周りには木があって，傾斜地でいわゆる谷津，田んぼが下にあるんですが，眺めがいい。どちらを向いたら眺めがいいかとか非常によく考えてある，デザイン的にもいい。配置計画という意味では，今でもベストなんじゃないかという気がします。

12　**下山眞司**（しもやましんじ，1937-　）筑波大学名誉教授。2000（平成12）年に退官後，筑波建築設計代表。主な建築作品に，館山市立北条小学校，つくば市立筑波第一小学校体育館，江東区立江東図書館などがある。

13　第二次大戦後のアアルトの本格的な活動の出発点となるもので，特にそのファサードを特徴づける赤レンガは，これ以降好んで用いられるようになる。この建物は，低層部のオフィス，アパートメントそして図書館，さらにそれに対して高くそびえる議場から成っている。

もちろん敷地条件にも恵まれてますけど、それを本当にうまく使っている。

けれども、非常な欠点はオープンな廊下があることです。これが九州だったらいいんですが、青森にある。冬は寒い。積雪も大変なんです。それでとても歩けないような状態になってしまうんですね。いろんなことを町では工夫されたようですが、早く壊されてしまった。非常に残念ですが。

オープンスペース前夜

不二小学校（1967年）は、私がクラスタープランに区切りをつけてからの最初のプランです。2階建てで6教室だけのプランです、後はできませんでした。これは高蔵寺ニュータウンの中ではなく、外にありました。

3教室ありまして、廊下をふくらましたんですが、今のオープンスペースというほどは寸法はございません。ディテールはライト的な空間構成をかなり考え、オーナメント[14]をつけるところまではもちろんやってませんけど、オープンスペースに相当する部分、これはワークスペースと言ったほうがいいかもしれませんが、ここは天井高が2.4mに抑えてある。この天井が教室の中まで入ってくるようになっている。間仕切りは普通の間仕切りではなくて、1.62mの高さしかない。その上はガラスになっていて、普通の人だと中は覗けない。だけど空間としてはかなりつながった感じになる。そういったものを試みました。この時にははっきりオープンスペースというものを認識していたわけではないんですが、ワークスペースを共有して使えるのではないか、そういう気持ちがありました。

1970（昭和45）年に七戸小学校（図7）を作りました。これは吉武研究室で設計をしてアルコムで実施図面を描きましたので、吉武研とアルコムの境にあたります。七戸城南小学校とは町の反対にあります。

低学年用にプレイルーム、各教室のトイレ、南側に廊下、北側に高い、そして明るい低学年教室があります。高学年は大きな3階分の吹き抜けがあります。当時は学校に吹き抜けを作るというのはなかったのではないかと思うんですが、学校の中心になるような空間として作りました。1学年2クラスですが、中・高学年には、予備の教室としてワークスペースを作りました。南側に顔を出してるんですね。特別教室は普通教室棟に直角に作りました。この学校は西に八甲田山が見えるんです

14　建築の表面を飾る装飾。

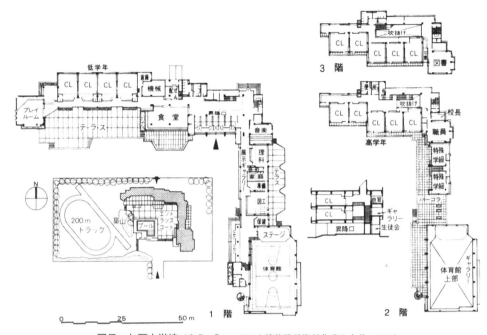

図7　七戸小学校（出典：「コンパクト建築設計資料集成」丸善，1986）

が，そっちの方向に町と山を囲むように作りました。

　この学校は去年か一昨年に壊されてしまった。暖房はセントラルヒーティングにするとか，食堂を大きくとるとかしました。この頃は1人あたり面積から学級あたり面積[15]に変わったときだったと思うんですが，そういう面積を町の教育委員会にいた方が県を説得し，文部省を説得し，それで面積を獲得してこういうことができました。つまり，いろいろな要求をすべて新しい学校につぎ込んだのです。

オープンスペース

　その次に加藤学園[16]（1972年）が出てくるんですが，ここで完全なオープンスペースができた。それに対する感想は一般的な評価とは私は少し違っております。アメ

15　第3章を参照。

16　序章，第1章参照。

リカとカナダの学校を相当数見てまいりましたが，その時に私はこれは学校じゃないと思いました。体育館みたいな空間に空調をちゃんとやり，人工照明をちゃんとやり，体育館みたいな広いスペースを可動のパーティションで区切って，いろんなコーナーを作って学習している。水回りみたいなのもありませんから，ウェットコーナーがあれば使えるんですけど。砂場の代わりに大きな桶みたいなのに砂を入れて，車のついたのを引っぱってきて遊ばせるとか。

　要するに何もないだだっ広いところでいろいろやろうとして，苦心惨憺してやってました。これは児童が生活する場所ではない，と私は思いました。学校というのはやはり生活する空間だというのを，その時は肝に銘じました。だから加藤学園も，あまりにアメリカ的な影響が強すぎて，これは学校ではないと思いました。槇先生には申し訳ないんですけども。

　板橋にある稲荷台小学校（1975年）（図8），これは日大の関澤先生[17]ですが，今のオープンスクールに非常に近い形です。日本型のオープンスペースは，いろんな形のオープンスペースがありますが，基本的にはクラスルームというのがあるわけですね。四方の壁の一方がオープンになっている形が多いわけです。日本ではクラスという単位が絶対に抜けない。いまだにそうですね。これは校長先生が担任の先生を管理し，先生は児童を管理するという，一つのいい形ですね。私はクラスを壊すのはどうやってもできないと今でもそう思っています。ただ，少し，クラスの単位を壊すのも最近では試みられていますが。

　だからこの頃のイギリスの学校は，何にも参考になっていない。イブリンロウ[18]なんかを見ると，この頃のイギリスの学校はクラス単位というのを脱却してるんじゃないかと思うんですけども，日本ではそうではない。大きく言えばそういうことではないかと思います。学級制をもっとフレキシブルにして，いろいろなことができる自由さが欲しいのです。「チームティーチング」[19]が大切です。

　チームティーチングというのも言うだけで，どれだけ実現しているのかは疑問ではないかと思います。

17　関澤勝一（せきざわかついち，1934-　）　日本大学理工学部建築学科，教授を歴任，2003（平成15）年退任。学校建築計画者，建築家。板橋区稲荷台小学校や金沢小学校など，教室の周りにワークスペースを設置した多目的スペースの先駆け的な学校の計画・設計を行った。

18　イギリスの先駆的オープンスクールの一つ。第1章，47ページ参照。

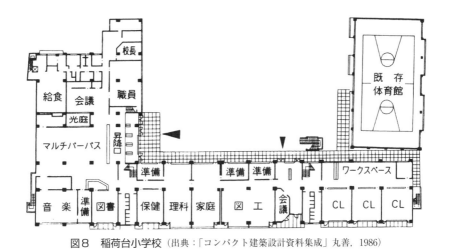

図8　稲荷台小学校（出典：「コンパクト建築設計資料集成」丸善, 1986）

モデルケース：宮前小学校

　宮前小学校（1985年）（図9）の基本設計は建築学会の学校建築委員会[20]でやったんです。今は建築計画委員会の中に教育施設小委員会がありますが，その他に学校建築委員会というのがございました。構造の仲先生[21]，長倉先生などの思い入れで，そういう委員会があるのは特例だったわけですね。仲先生が頑張られて，特別な委員会を学会の中にもって，文部省の委託を受けられる組織としてずっと残ってきた。

　私が計画委員長のときに，特例は止めようと思ったんですが，それはできませんでした。そうして，教育施設小委員会を作りました。

　宮前小学校の実施設計はアルコムでやりましたが，学会で計画をしているときか

19　協力教授方式：複数の教師が協力して，授業の計画，指導，評価にあたる教育の方法，またはその組織。指導の内容に即して児童，生徒を適切な性格や規模の集団に弾力的に編成し，教師の専門性を生かすとともに，学習効果の向上，学習の個別化および個性化を図ることを目的とする。

20　第1章，42ページ参照。

21　**仲　威雄**（なかたけお, 1907-2008）　東京帝国大学名誉教授。鋼構造を専門とし，我が国溶接技術の揺籃期に指導的役割を果たした。主な著書に，「溶接の収縮と亀裂」（1950），「溶接工学テキスト」（1956）などがある。

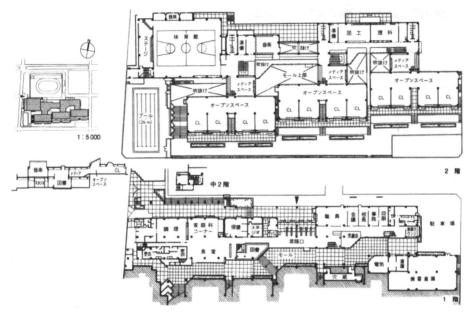

図9　宮前小学校（第二次）(出典：「コンパクト建築設計資料集成」丸善，1986)

ら学校の先生を巻き込んで，長倉研の方々，アルコムのメンバーでいろんなことを試みました。オープンスクールとかチームティーチングとかには非常に理解が深かったんではないかと思います。1学年2クラスという規模がまた良くて，いろんなことができました。

　そして，完成して1週間くらいして見に行きました。3月に入って完成したんですが，6年生にも新しい学校を味わってもらいたいということで年度の最後に入りました。1週間後に見に行くと，本当にうまく使っておられるんですね。チームティーチングもちゃんとやって，個別学習をする子供，グループ学習する子供，テレビを何人かで見てノートをとっている子供などがいる。その時は本当に感激しまして，これならオープンスクールはやれるという自信を私はもちました。

　その自信は誤りだったんです。どういうことかというと，やっぱりそれだけの準備をして，そういう先生がそろっていて，校長先生も理解して，地域の方も理解して，ということが必要なんです。宮前小は先生方の熱意もあり，これはもうオープンスクールの勝利だくらいに思ったんです。その後はいくつか学校をやりましたが，だいたい同じような形で作りました。

　しかし，宮前小の完成時みたいな活気のある使われ方はされていませんでした。

そのとき私は，それでも学校の先生の熱意の問題である。こういう学校を創って，使おうと思えば使えるんだから，それを使わないのは学校の先生の怠慢であると，ちょっと不遜ですが，それくらいに思っていました。

それから，これは安岡正人先生[22]の提案でしたが，北側オープンスペースの北側壁にトップライトからの直射日光が当たるようにし，パッシブソーラー[23]的な効果をねらって，ある程度成功したと思います。また，宮前小でも時間が経つと先生が変わり，かつての熱気が失われるようになってしまいました。

それからずいぶん時間が経ちましたが，北側のスペースをうまく使っていると感心するような例はありませんでした。それで私はいろいろ考えて，一つは教室の向きの問題があるのではないか，もう一つはスケールの問題があるのではないか，と思いました。

最近の計画の展開

教室の向きの問題に対して，今年完成した九十九小学校（図10，11）では南側をオープンスペース[24]としました。構造は東大の農学部の助教授をしておられる稲山さん[25]の構造計画でできています。大変面白い，いろんな提案をされる方で，ブレース，斜めの材が一切ないんです。ポリカーボネート[26]の透明な耐震壁とか。ライトのジョンソン・ワックス[27]のような，というほどではないんですが，鉄骨で作ったマッシュルームの柱に木造で組んだ剛性の高い床を載せる。

---

22 **安岡正人**（やすおかまさひと，1936-　）東京大学名誉教授。建築環境工学のうち，特に音響・振動関係を専門とする。所沢文化センターなどのホールの音響設計や，道路・空港・発電所などの騒音・振動防止計画などを手がけた。

23 ソーラーパネルや蓄熱槽など，具体的な機械設備を備えた太陽熱利用に対して，建物自体が自然換気や自然な蓄熱をして太陽熱利用をすることをいう。

24 多目的スペース（オープンスペース）を持つ学校の計画では，教室を南側に，多目的スペースは北側に配置するのが一般的だが，この事例では南側に多目的スペースを置き，学習・生活活動の主要な空間とすることを意図している。一方，教室を北側に配置することで，直射日光ではなく，柔らかい光を自然採光できるメリットがある。

25 **稲山正弘**（いなやままさひろ，1958-　）東京大学大学院農学生命科学研究科教授。「めりこみ理論」による新たな木構造の考え方を提起した。オガールプラザ，岐阜県立森林文化アカデミー，鹿北小学校，他多数の木造建築の構造設計を担当。

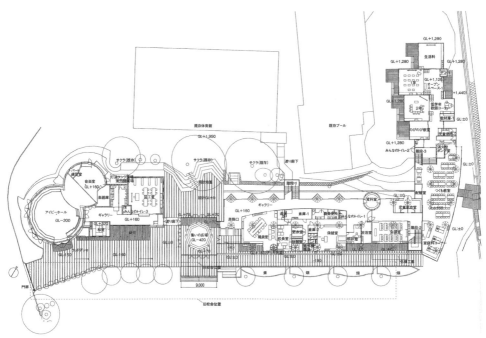

図10　九十九小学校（出典：「新建築」2007年5月号）

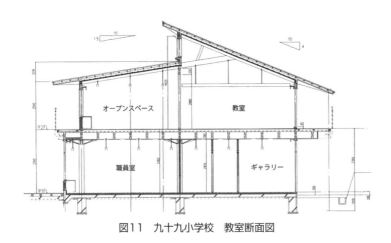

図11　九十九小学校　教室断面図

26　熱可塑性プラスチックの一種。建築では透明・半透明なパネルが近年よく用いられる。

27　ジョンソン・ワックス本社ビル（1936）。煉瓦とガラスの本部棟と後ろに建てられた研究棟は，ともにアメリカの画期的な建築となった。本部棟の中央執務室は，20フィート（6.1m）間隔のグリッドに載る樹木状の柱によって統合されている。

稲山さんの前では言えなかったんですが，ダサい木造はやめようというのが私の気持ちでした。稲山さんにこの学校はダサい感じがしなくて良いですね，と言っていただいて，自分で言うのもおかしいんですが，スマートなものになったと思います。

　この小学校は教室が小さいんです。6.3mスパンでできています。小規模学校なのでクラスに十何人かしかいない。そして教室を離すことで音の問題を解決しようとしました。勾配屋根なんですが，北側も非常に低く天井が下がっている。そのスケール感もうまく創ったと思っています。ただし，これは小規模校だからできたと思います。で，次は大規模学校，24学級でどこまでできるかがチャレンジだと思っています。それを多摩市でやろうとしています。

　今まではオープンスペースはこういう形でいいんじゃないか，というふうになっていましたが，反省してみるとそうではないのではないか。まだ建築でできることがあるのではないか。学校の先生のせいにだけしていてはいけないんじゃないかと反省をしているところです。さらにここまでやって，なおかつうまくいかなかったら，やっぱり学校の先生を少し責めてもいいかもしれない。うまく使われることを願っています。

追記

　その後，多摩第一小学校（2010年）（図12，13）で新しい学校を創りました。ただ，条件として一つは既存校舎はそのまま使いながら新校舎を建てること，二つ目は3階建てとすること，三つ目は素晴らしい高木の林があるが，それは全部伐採すること，というものがありました。

　しかし，二つ目と三つ目は無視しても建てられると判断して新校舎を創りました。2階建てであるために，1階はRC，2階はS造[28]のハイブリッドで，南側オープンスペース，鉄骨による日本伝統の木造のような落ち着いた教室空間，そして2階建ての棟越しに見える樹の素晴らしい景観などが実現しました。あと残っている課題は，管理的な「クラス」の適度な解体だと思っています。

28　鉄骨造のこと。

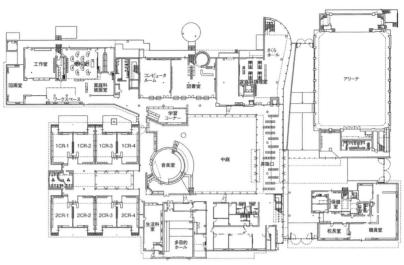

図12　多摩第一小学校（出典：「新建築」2010年4月号）

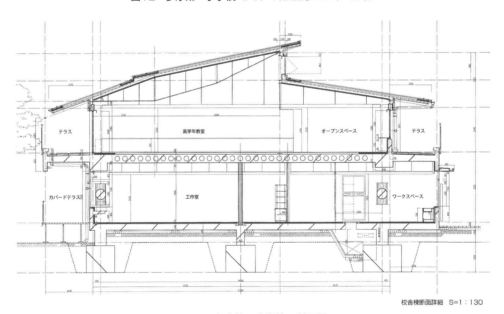

図13　多摩第一小学校　断面図

●人物紹介　船越　徹〈ふなこし　とおる〉

吉村　彰（東京電機大学）　学生時代，空間分析手法や設計指導を受け，その後，東京電機大学での学校建築計画研究や設計活動・指導などをともに行う。

　船越徹先生は1931年，東京生まれ。プロフェッサー・アーキテクトとして活躍。学歴は1953年東京大学工学部建築学科を卒業，1958年同大学院博士課程を満期退学，1960年「小・中学校の運営方式に関する建築計画的研究」で工学博士の学位を取得した。職歴は博士課程修了後，東京大学に着任，吉武研究室を中心に研究・設計活動に従事，大学の設計教育にも情熱を傾けた。その後，1967年東京電機大学建築学科助教授，1976年教授，2001年名誉教授となり，建築教育に心血を注ぎ，多くの卒業生を世に送った。

　一方，設計活動は吉武研究室時代を皮切りに，1970年設計事務所「アルコム」を設立，公共施設，特に教育施設や医療福祉施設を中心に多くの作品を完成させた。主な作品として市原市行政センター，新宿区立落合中学校，都立東大和教育センター，昭和大学病院などがある。これらの作品に対し日本建築学会賞，医療福祉建築賞，東京建築賞，公共建築賞他多数受賞した。

　このように大学教育・研究と実務としての設計活動の二足のわらじを履く活動である。先生の設計理念は，緻密な建築の使われ方や空間構成論理を基に行われることが特徴といえる。建築計画的視点と空間デザインの視点を併せもった設計プロセスを指向するため，時には妥協を許さない，戦う建築家とも目された。

　建築の設計行為は社会的に貢献するための道具であり，その建物を利用する人々のために有用であるべきとの信念を貫いた。それ故，設置者よりユーザーの意見や視点のほうに耳を傾け，しばしば戦う建築家につながるのである。先生は，ライトやアアルトの建築をこよなく愛し，その空間分析をよく試み，初期作品に強くその傾向が読み取れ，空間のシークエンスを重要視した作品が多い。設計事務所「アルコムの設計理念」として常に下記4点に重きを置いた。

1）研究成果と関連した設計を心掛けること。
2）各建築種別について，設計上の明確なコンセプトをもっていること。
3）モダニズムを脱し，骨格空間などを用意し，視覚的セミラチス（注）を形成するような設計をすること。
4）その結果，豊かな空間を持った建築を作ることである。

これが後の建築計画研究に強く影響し，その成果として2011年，彰国社から「建築・都市計画のための空間の文法」船越・積田編著を刊行されている。

　注）要素が多様に結びつくことのできる網目状の構造。建築計画・都市計画では，樹状構造と対比して用いられる。

第3章　学校建築と補助制度

篠塚　脩 〈しのづか おさむ〉
※人物紹介は95ページ

●講演日：2007（平成19）年11月9日

学校建築に補助がなかった時代

　私，行政官としまして文部省に1962（昭和37）年から1987（昭和62）年まで勤務しまして，そのうちの大変長い時間が公立学校，それからそのあと国立学校という次第であります。私は実は出身が建築ではありませんで，千葉大学で造園のほうを勉強いたしました。当時は造園は「庭」という扱いで，都市計画とか風景計画というものに重点が置かれていた時代でして，我々の仲間の相当数は県や市町村の都市計画課のほうに入っておりました。ただ，造園をやるのにはどうしても建築を勉強しなきゃダメだということで，当時，千葉大学の工学部の建築科の小泉先生[1]などが中心で，私ども造園の学生にも講評してくださいました。

　近代教育は1872（明治5）年の学制「邑に不学の戸なく，家に不学の者なきようにして」，これはまさに，非常に画期的な国民就学指導です。明治初期に国民に課せられた義務は3つあります。一つは徴兵です。それから二番目は税金です。三番目が義務教育，就学の義務でした。1872（明治5）年の就学令を発布したときにお金がかかってそんなところ行けるか，と反対が起きたことも事実ですが，しかし全体から見ると極めて少ない。これはなんと言っても，徳川時代が260年間平和であったということです。それで塾，あるいはお坊さんによる教育，あるいは藩による藩校といった，いろんな形の教育施設，教育が行われていたということで，割合早く就学が進み，1872（明治5）年に発布した当初の就学率は，確か40何パーセントでした。京都が割合早く，1869（明治2）年には学校を開校して義務教育的なこと

1　**小泉正太郎**（こいずみしょうたろう，1916-2001）　東京帝国大学助手，熊本高等工業学校助教授を経て，千葉大学教授。居住学を専門として，論文に漁村住宅の空間構成と更新過程に関する研究がある。

をやっていた。そして明治の終わりにはもう80数パーセントとなり，非常に就学率が高くなりました。

　学制発布によって始められた近代教育ですが，その費用は全部学校を設置する市町村が負担するという原則がありました。その原則は現在もなお継承されておりまして，学校教育法では「学校の設置者は，その設置する学校管理諸法令に特別と定める場合を除いては，その学校の経費を負担する」と第5条に書いてあります。ただ国民皆教育，義務教育という言葉が時どき誤解されます。日本国憲法に「義務教育はこれを無償とする」と書かれていますので，教科書や給食費だってタダだと。これにつきましてはずいぶん議論がありました。とうとう最高裁判所までいったんです。それで，最高裁判所の判決で，義務教育無償というのは，義務教育については授業料を徴収しないということで，これは確定してございます。では，逆に言えば，教科書無償だとか，その他いろいろタダのものは，それぞれの時代における必要条件として，その法令に特別の定めをしたということです。また，法令に特別の定めがなくても必要なものは予算補助と称して予算だけを計上するというやり方があります。

　戦前，要するに1945年（昭和20）年の8月15日まで国は学校施設についてお金を出したことはありません[2]。関東大震災で大変な被害を受けた，あるいは1934（昭和9）年の室戸台風，この時も大阪を中心として，これはちょうど子供が学校へ登校する時刻でしたので大変大勢の被害が出ました。学校建物もずいぶんやられましたが，その時も国は補助金を出しておりません。ただし，臨時のお金がいるだろうと言って，貸し付け金をしておりました。戦前唯一補助金を出したというのは，1939（昭和14）年に秋田県の男鹿地方の地震[3]だそうです。この辺は大変に当時疲弊しておりまして，「貸してくれたって返しようもない」ということで，その時にかかったお金の5分の1を補助したと。これが学校施設については国が国庫補助金を出した初めてだと言われております。

　ですから，学校施設を作るというのは，市町村にとっては大変な大事業でした。そのためにいろいろ工夫をして，毎年度お金を積み立てて，あるいは篤志家の寄付

2　なお，関東大震災による東京市の復興小学校建設の際に，4分の1は国が「地方復興事業補助」により支出し，東京市に補助している。「東京市教育復興誌」「東京震災録」による。

3　1939（昭和14）年5月1日，男鹿半島で発生した地震でM6.8，秋田市で震度5を観測した。この地震により，死者27名・負傷者52名にのぼり，家屋の全壊479棟・半壊858棟などの被害が生じた。

を仰いだり，その時に応じて住民に賦課金を課したり，借入金をしておりました。
　1895（明治28）年に，アメリカの牧師でノースロップ[4]という方が日本に来ております。この方は大変に日本びいきでクラークさんを推薦した人だと言われておりますが，その他に，日本の留学生に非常に便宜を図っていました。ノースロップ氏は，アメリカで木を植える運動をずっとやっておりました。学校ばかりじゃなくて，塀だとか公共物にも木を植えなさいと。その方がたまたま1894（明治27）年に世界一周しようと思いまして，まず最初に日本に来たんです。その時の若い文部次官が大久保利通の息子，牧野伸顕で，ノースロップにいろいろと教えてもらいたいということで，話しに行きました。その時，彼は「日本では学校建設のお金を国は出さないそうですね。それでは学校にも林を，木を植えましょう。それで木を植えて60年経てば木は切れて学校が作れるし，毎年枝打ち，間伐を行えばそれをその学校の経費に使える」という講義をいたしました。それを「学校林」と言った。鹿児島県あるいは九州は割合多くなっております。それから九州から北海道へ移住がありまして，北海道にも結構あります。それで学校林を切って，あるいは枝打ちをして、あるいは間伐をしてその費用を学校の経常経費の一部にしたことが記録として残っています。現在もなお学校林を持っている学校は結構あります。
　私，奄美大島に仕事があって行ったところ，ちょうど小学校の運動会があったのですが，青年団から何から何までみんな入っているんです。要するに小学校の運動会というのは，地域の一つの大イベントであって，それは先祖が本当に苦労してやっと作った，まさに「おらが学校」だったわけです。ですから，その学校を子供の数が減ったから統合しようと言うと住民は猛烈に反対するわけです。反対するのも無理はない。自分たちの父兄が大変苦労して作った学校がある日なくなるのは困る。
　これは本当の話で，長崎県の離島に子供一人の学校がありました。よくよく調べたら学校の先生の子供なんです。だから先生に転勤命令を出せば学校をなくすことができるのですが，住民は困るからぜひいてくれと言う。しかしそんなことをしていたらお金がかかってしょうがないので，そこの村に子供が生まれたら学校を開校するから，廃校じゃなくて休校にするということがありました。それほど地域によっては学校に愛着をもっていた。それはやはり，自分たちが血と汗のお金を使って

---

[4] バードジー・グラント・ノースロップ（Birdsey Grant Northrop, 1817-1898）　プロテスタントの牧師で，コネチカット州の教育委員長。学校教育の一環として植樹を始める。

作ったからで，これは国が補助金を出さないことの結果でありまして，これが大変日本の学校建築を長い間，苦しめたのですが，大事にされた理由の一つだと思います。

戦後復興と補助のはじまり

　戦後，我が国が学校建築の助成に踏み切った背景には，次のような理由が挙げられます。第一番は戦災によって既存建物が大量に焼失いたしました。小中高，大学まで含めて3,000校が被害を受けております。焼失面積が，国公私立全部併せて1億㎡くらいになっていますが，公立学校だけで1,000万㎡です。当時の学校の保有面積の約15パーセントが戦災で焼失してしまい，約200万人の子供が入れなくなりました。特に大都市，都市部では壊滅的な被害で，復旧は急を要しましたが，そんなことをできるような財政状況ではありません。それで何をしたかというと，二部授業をやったり，体育館でやったり，仮設を作ったり軍の施設を借りたりして，授業はなかなか苦しい状況でした。

　敗戦直後，アメリカの教育使節団が日本にやってまいりまして，日本は戦争ばっかりしてしょうがないのは教育にも関係があるだろうと言って，教育政策を，アメリカの一部の州でやっていた6・3制，小学校6年，中学3年を日本でやったらどうだと。当時の文部省の先輩に聞くと，なるべくやらないように逃げ回ったんだそうですが，どうしても当時はアメリカの影響力が強くて，とうとうやることになってしまった。これが1947（昭和22）年です。

　それで学校教育法が改正になり，義務教育年限が1年延長された。あの頃は6年いってから高等科が2年あったわけです。もちろん高等科へ全部が行ったわけではないです。義務教育3年が延長されて新制中学が発足したのですが，その整備費は当初予算はゼロです。まあ，よくもゼロでもって中学を作ろうとしたものですが，そうなった理由もないわけではないのです。当時，文部省は学校の数は把握していたのですが，何平方メートル持っているかについて，はっきりした資料を持っていなかった。それで，足りないからよこせとGHQに陳情していたのですが，アメリカのほうは根拠がなきゃ出せるもんか，と。これに関して，アメリカは何で反対しているかを聞いてくれた人がいるんです。それは八幡の市長さん[5]です。反対の理由は，第一に，前から日本には旧制中学校があったじゃないか。それから高等科もあったじゃないか，これは主に夜間ですが，青年学校というのもあった。旧制中学，

小学校の高等科，それから青年学校を使えば，新制中学なんて作らなくても足りるはずだということでした。そう言われても文部省は確たる答弁ができなかった。

それで大変な努力で調べましたら，青年学校というのは，大部分は小学校を夜，使っていたというだけの話で，軍需工場では工場の中でやっていた。それから旧制中学の3年生は新制中学になるかと思ったら，みんな高等学校になってしまった。私立学校は中高一貫の6年制の学校にしてしまったということで，公立の中学校は全くできない。そういう資料を突きつけた。そしたらGHQのほうも「うん，分かった」ということで，その年の補正予算で初めて新制中学校のお金がつきました。

それより以前，1946（昭和21）年ですが，この頃は災害が多かった。その一因は国土が荒廃していたことによる。有名な西日本水害ですとか，南海地震ですとか，東日本ではキャサリン台風ですとか，その度に大きな被害があった。それで戦災復旧と災害復旧について，当時の経済安定本部の公共事業としてその復旧をしようということになった。これは文部省ではないんです。

市町村から見れば，まず戦災被害というのは，市町村が戦争したくてしたわけじゃない。言わせてもらえば，国が勝手に戦争をはじめたのでその結果焼けたのだから，これは国の責任だと。それから新制中学にしても市町村が中学にしてくださいと頼んだわけじゃない。国が新制中学を開校しろと強制したことによる。すなわちこれも国の責任だと。国の責任ということが大いに喧伝されまして，それで国会は動く，あるいは住民は動く。それで，初めて補正予算が付いたわけです。

ずいぶん苦しい時代でしたが，もう一つ，戦争中，資材が軍事物資に統制されてしまって，その補強なり補修することができなかった。それで現存する建物も大変に悪くなっていた。そこへ，戦争中地方へ疎開していた人は大都会へどんどん帰ってきて，田舎の学校の子供は減ったかもしれませんが，都会の子供は増えた。増えたが行く学校がないということです。その次に，復員軍人が帰ってきて子供をつくるのです。1951（昭和26）年から急に子供が増えた。そのベビーブームで，都市の児童・生徒が非常に増えた。

以上のような理由で国が補助金を用意してくれなければ，なんとしてもできない，ということで1947（昭和22）年の補正予算から予算が付いたわけです。しかし

5　八幡市長・守田道隆（もりたみちたか，1898-1970）のこと。1947年，初代八幡市長に就任，八幡地区の都市開発に大きな功績を残した。戦前は八幡市土木部長として，製鉄所から排出される鉱滓を用いた鉱滓セメントによる不燃校舎の建設に貢献した。

その後，日本が大変なインフレーションを起こし，朝買ったものが昼間はもっと上がってしまうような大変に悪性のインフレーションに悩まされました。これは日本の財政では何ともしがたい，という時にアメリカからジョゼフ・ドッジ[6]という経済専門の講師を呼びまして日本の国家財政を調べたら，なんだこの補助金は，こんな貧乏国がなんで補助金なんか出すんだと言って，「えいっ！」と全額ゼロにしたのです。前の年に補助金もらって，今年も来るだろうと，工事を先にしてしまった学校がたくさんありまして，リコールになった市町村長もずいぶんいました。これは大変だということで，GHQおよび財政当局に強くお願いをして，やっと1947（昭和22）年に補正予算7億円が計上されて，国庫補助が付いたわけです。

　1872（明治5）年からすると，74年目です。74年間，国は学校建築にはお金を出さずに「教育しろ」なんて勝手なことを言ってたのです。あとは年表として用意してまいりました（次頁表参照）。1947（昭和22）年に一体どのくらい作らなければいけないのか，最低はどのくらいか，当時の小学校を調べたら大体0.8坪くらいだったみたいですね。考えてみましたら，私は戦前に小学校を出たわけですが，特別教室なんていうのは一つもありませんでした。音楽のときには廊下に黒板が置いてあって，子供たちがエッサエッサをして教室の中で先生がオルガンを弾いていた。図画もみんな自分の部屋でやった。それから理科室はなかったのですが，理科の資材が置いてある小さい30㎡くらいの理科準備室というのはありました。そのくらいで理科室なんていうものはありません。とはいえ，東京とか大阪とか自前でやっていた学校には理科室とか音楽室を持つ学校があったようです。

　それで，1946（昭和21）年に初めて国庫補助と大幅な起債が開始された。その道が開かれたのは災害復旧と戦災復旧で，これは経済安定本部の公共事業です。それで補正予算で7億円が1947（昭和22）年に計上された。その後いろいろ制度的なことが始まったわけですが，1947（昭和22）年の欄を見ていただくと，6・3制による中学校不足整備は2分の1の補助が付いている。1教室あたり115.5㎡。これは65人入れる。1人あたり0.7坪，2.31㎡ですが，それを計算するとその1教室，115㎡です。先ほど申しましたように，これには教室と廊下とトイレしかない。

　翌年の転用小学校というのは，小学校が中学校にもって行かれたということで，

6　デトロイト銀行頭取であり，GHQ経済顧問として来日し，1949（昭和24）年2月から日本でドッジ・ラインとして知られる経済政策を立案し勧告を行った。のちにアメリカ合衆国行政管理予算局長官となる。

表　学校施設補助制度年表（篠塚氏作成・提供，平成18年まで）

年度		補助の概要
昭和	21	戦災復旧・災害復旧（1/2）
	22	六三制整備費による中学校不足整備（1/2），1学級あたり115.5㎡
	23	〃に盲・ろう学校，転用小学校，戦災小学校（1/2）が加わる
	24	当初予算全額削除されたが補正予算に復活。小中1人あたり2.31㎡
	25	〃積雪寒冷地の小中学校屋内運動場を加える（1/2）
	28	予算補助を法制化，小（1/3），中（1/2），戦災復旧（1/2），災害（2/3），危険（1/3）
		幼稚園に定額補助（1/3），特別教室を基準に加算　小2.97㎡　中3.57㎡
	30	高等学校の危険建物に補助（法律）（1/3）4.76㎡，養護学校（1/2）
	31	学校統合（1/2）
	32	定時制高校（1/3）
	33	在来法を整理統合し新3法成立，屋内運動場　小0.56㎡　中0.66㎡
	36	工業高校（1/3）39年度まで
	39	小中校舎基準を1人あたりから学級基準とし，小41%，中32%（実質）引上
		小中高の僻地寄宿舎補助　小中（1/2），高校（1/3）
	41	屋内運動場基準引上，小601㎡，38%，中648㎡，13%（18学級）
	42	新産業都市等に対して補助率の引上，特殊教育諸学校の建物基準引上
	43	公害防止工事に対し補助（1/3），離島振興地域の補助率引上（2/3）
		高校（特殊教育諸学校を含む）建物基準引上（普通科校舎32.6%）
	44	人口急増市町村の新設校の整地費補助（1/3）
	45	過疎地域の統合（2/3），成田ニュータウンの小中建物（2/3）
	46	児童生徒急増市町村の小中用地取得費補助（1/3），公害防止（2/3）
	47	小学校校舎（1/2），特別豪雪地帯の小中分校（2/3），沖縄（9/10）
		特殊教育諸学校の基準面積引上（養護学校校舎22.8%）
	48	小学校屋内運動場（1/2），児童生徒急増市町村小中校舎（2/3），未設置県養護学校（2/3），
		活動火山周辺小中建物改築（1/2），小中校舎基準引上19.6%
	49	水源地域統合学校（2/3），過疎地域小中建物改築（2/3），急増地域幼稚園（1/2）
		小中屋内運動場（小12cl　422㎡→476㎡　中6cl　510㎡→596㎡）に改定
	50	特別豪雪地帯小中危険建物（2/3），小中屋内運動場基準引上20.6%
	51	高校生徒急増のため5ヵ年間新増設費補助（1/3），振興山村地域小中危険建物（2/3），
		急増市町村の小中用地取得費補助5ヵ年延長，
		寒冷地小中屋内運動場基準引上（小14cl　756㎡→981㎡，29.1%）
	52	政令都市養護学校（2/3）
	53	降灰防除地域の降灰防除施設（2/3），急増市町村小中校舎（2/3→57年）
		小中校舎基準引上（小12cl　2578㎡→2982㎡，15.6%），特殊学校寄宿舎（50.2%）
	55	地震対策地域の小中危険（1/2）および非木造校舎補強費補助（1/2～2/3）
		小中屋内運動場基準引上（小13cl　532㎡→680.1㎡　中10cl　629㎡→685㎡）
	56	高校生徒急増新増設費補助・急増市町村の小中用地取得費・政令都市養護学校（2/3）5ヵ年延長，
		高校校舎基準引上（18cl　5749㎡→6718㎡）
	57	小中クラブハウス整備（1/3），屋外教育環境整備（1/2　5ヵ年間）
	58	児童生徒急増市町村小中校舎（2/3）5ヵ年延長，特定地域大規模改修費補助（1/3　10年間），
		中高セミナーハウス整備（1/3　10年間）
	59	過大規模校（31cl以上）の分離（2/7），多目的スペース補助
	60	特定地域を除き高補助率（1/2を超える）を一律10%引下，大規模改修費補助地域制限撤廃，
		屋内運動場基準引上（小10cl　680㎡→797㎡　中10cl　685㎡→830㎡）
	61	高補助率をさらに引下（2/3→6/10→5.5/10　災害，沖縄等は除く）
		高校生徒急増新増設費補助3ヵ年延長，木の教育研修施設（1/3　平4まで）
		屋外教育環境整備補助率引下（1/2→1/3）
	62	屋外教育環境整備補助5ヵ年延長，小中クラブハウス補助
		高校屋内運動場基準引上（24cl　1080㎡→1500㎡）

	63	児童生徒急増市町村小中校舎（2/3）平成4年まで延長，部室補助（1/3　平成4年度まで），特殊学校高等部校舎基準引上（14%）
平成	元	大規模改造費補助拡充（高校，情報教育，木造建物），降灰除去費補助
	2	小中コンピュータ教室加算（小12cl　3209㎡→3421㎡　中12cl　3983㎡→4229㎡） 中高児童生徒交流施設補助
	3	高補助率引下措置平成5年度まで継続，急増用地取得費補助5年間延長 特殊校小中コンピュータ教室加算，火山爆発に伴う応急仮設校舎補助
	4	屋外教育環境整備補助5ヵ年延長，高・特殊校にコンピュータ教室加算
	5	児童生徒急増市町村小中校舎（2/3→5.5/10）・児童生徒交流施設補助平成9年度まで延長，コミュニティスクール整備に補助
	6	小中図書スペース加算（小12cl　3421㎡→3540㎡　中12cl　4229㎡→4376㎡）
	7	特殊図書スペース加算，特殊屋内運動場基準引上，大規模改造事業基本限度額引上（1億5千万円→2億円），高校大規模改造事業補助廃止 （アスベスト対策工事，コンピュータ・LL教室の空調施設は存続） 《補助事業以降》地震防災対策事業の拡充（耐力度・耐震診断費を補助） 小中木造以外の補強（1/3→1/2）小中クラブハウス整備拡充
	8	屋内運動場基準引上（小10cl　797㎡→894㎡　中10cl　830㎡→1138㎡） 障害児に配慮しエレベーター整備を補助
	9	小中校舎基準引上（小12cl　3305㎡→3881㎡　中12cl　4142㎡→5129㎡） 屋外教育環境整備補助を平成17年度まで延長，部室整備事業廃止
	10	特殊教育諸学校基準引上（校舎39%，屋内運動場33%，寄宿舎39%） 高校大規模改造事業・高校屋外教育環境整備・クラブハウス整備廃止 急増市町小中新増築の高率補助廃止，専用講堂整備に補助（1/3） 小中大規模改造事業補助廃止
	12	高校建物基準改定（校舎3739㎡），校内LAN整備補助
	13	IT授業・20人授業等のための施設整備，PCB対策工事補助
	14	安全管理対策工事補助，屋外教育環境整備補助を平成18年度まで延長 エコスクール事業拡充
	15	夜間電力活用型空調機工事費を建築費に含め補助
	16	中高一貫教育校補助　平成20年まで
	17	屋外教育環境整備補助を平成21年度まで延長
	18	安全・安心な学校づくり交付金創設，公立学校施設の耐震化の推進 危険・不適格改築事業を交付金化 「三位一体の改革」により，不適格改築事業・高校体育施設，中等教育施設 定時制・通信制高等学校施設・学校給食施設・地域連携施設・高校産業教育施設等の補助廃止

　その分の小学校を作らなくてはいけないのを「転用小学校」といいました。戦災小学校は補助率が2分の1，それで転用小学校の補助率が2分の1と出てまいります。

　その後の小学校の整備については，1953（昭和28）年を見ていただきましょうか。「予算補助を法制化」とあります。それまでは，予算があればやると言っていたのが，1953（昭和28）年にこれは法制化しないといけないことになった。いつもいつも大蔵省の顔色をうかがっていたのではしょうがないので，法制化の動きが出て，公立学校施設費国庫負担法という法律ができた。そこには小学校が3分の1，中学

校が２分の１，戦災復旧２分の１，災害復旧３分の１，それから危険校舎改築が３分の１とあります。中学校が２分の１出るのに小学校が３分の１はおかしいじゃないか，と当時から議論があったのですが，大蔵省の言い方は，小学校は昔からあったのだから３分の１でいいというものでした。中学校はその後，国の指示で始まったのだから２分の１だと。これにはずいぶん長い間，担当した私どもは苦しみまして，だいぶ後になってやっと小学校，中学校とも２分の１になった経緯があります。これは後で出てきます。

　ただ，この予算が法制化された勢いに乗じていろんなことができました。まず一番問題だったのは，戦争中困っていた，修理できなかった危険校舎を改築できるということ。これは文部省でも大蔵省でも，こんなことやったら予算が吹っ飛ぶのではないか，というような心配がありましたが，まあとにかく３分の１の補助率でできました。それから特別教室を基準に加算して，小学校が１人あたり2.97㎡，中学校が3.57㎡。この特別教室を作るか作らないか，というのはずいぶん議論がありました。アメリカが日本を占領していた1952（昭和27）年くらいまで，アメリカは敗戦国が特別教室なんか贅沢だというようなことを言っていた。当時，学校の校長先生あがりの人たちは，特別教室がなければ教育ができないと言ってずいぶん頑張ったという話を聞いています。

　1955（昭和30）年になったら高等学校の危険建物にも補助金を出せということで，公立高等学校危険物臨時措置法という法律をつくり，それから１人あたり4.76㎡で養護学校にも補助金を出しました。1956（昭和31）年頃から，その前からですが，どんどん地方から都会へ子供が出てきて地方の学校がガラガラになったということで，学校を統合しようということになった。市町村合併法というのもあって，学校を統合すれば２分の１の公立補助を出すことにしました。

　学校統合では，A学校とB学校を統合するときに両方から等距離に置こうじゃないか，と地図の上で真ん中に，そこが山だろうが川だろうがそこに作るというずいぶん無理な学校統合もあった覚えがあります。それで学校統合についてはその後いろいろ紛争があるので，文部省も困って「小規模学校には小規模学校の良さがある」という通知を出したりもしましたが，学校設置者，市町村長はなるべく学校を統合したほうがお金がかからないし，野球も３人じゃできませんので教育効果を上げるためにも学校統合をやろうということでした。

　1957（昭和32）年は，そろそろ地方から出てきた子供たちが定時制高校，昼間働いて夜間の定時制高校へ行くということで，定時制高校に補助金を出します。補助

金を出すというのはお金の問題よりも，国が後押しをしているという面が非常に強いことでして，国は政策を進めるために，補助金というものを使っております。

先ほど少し言いましたが，1949（昭和24）年に小学校，中学校1人あたり2.31㎡の面積を補助するということになって，当時の全国の平均を見ますと，大体これに前後しているのです。それがこの間，文科省で聞いてきましたら，2006（平成18）年には小学校では1人あたり12㎡になっています。中学校では15㎡になっています。2.31㎡からここまで来たんだなあということです。大体9回，校舎の基準改訂をやっておりますが，最終ではかなり大きい基準改訂をやりました。

ここはちょっと技術的になりますが，見積もりを少し大きめに出していただいて大蔵省の切りしろを少し作っておかないといけない。ギリギリでもって行くと，元まで切られてしまう。この辺はちょっと切られてもいいという部分を少しもっておく。

高度成長期に入って

1953（昭和28）年に補助を法律化したわけですが，あわてて法律化したわけで，1958（昭和33）年には義務教育諸学校施設費国庫負担法という法律をつくって，これを整理しました。というのは，1953（昭和28）年の法律には災害復旧も，この公立学校施設整備法に入っていたわけですが，災害は別に公立学校施設費国庫負担法という法律をつくって，ここには公立学校ということで大学から幼稚園まで全部できる法律が成立した。

この時に屋内運動場も基準改訂いたしました。屋内運動場は，1950（昭和25）年のところを見ていただきますと，積雪寒冷地に小中学校の屋内運動場を補助しました。これはアメリカを騙すためじゃないかなと思うのですが，雪中避難場，「shelter in cold and snowy district」のような名前で，寒くて雪があるところで雪から避難する場所で，それが体育館です。そういう名前でアメリカの了承をとった。一遍でもとったらそれを拡大するのが役人の腕でして，とうとう1958（昭和33）年には全国どこでも屋内運動場を作ろうということになりました。

それから1961（昭和36）年，この前後には高校生が非常に増えてまいりました。そこで高校急増対策ということで，文部省では普通科の教室を大蔵省に要求しました。一生懸命やったのですが，県知事は「高等学校は義務教育ではない。県立学校なんだから，文部省から補助金をもらうと制約があって大変だ。だから金さえ貸

てくれればいい」と言う。その官房長官は黒金泰美[7]であり，黒金は，知事さんの言う通りだと，だから交付税を増やすから補助金はやめると言った。

　それで文部省では担当助成課長は，こりゃもう切腹だなぁ，と言って辞表を用意したと。実際は出さなかったようですが，その代わり工業技術者の養成が必要だということで，工業高校，県立の工業高校がだいぶ全国に増設されます。これはまだ所得倍増計画[8]の前ですが，私が昨年まで勤務いたしました高専[9]もこの時期につくられたものです。高専というのは1962（昭和37）年にできております。

　それから小中学校校舎の面積を，1人あたり基準から，学級基準にいたしました。それまでは1人あたりだったわけですが，一人の教室というのはあり得ないということで，1人あたり基準から学級基準としました。実質的に小学校では41パーセント，中学校では32パーセント，そのおかげで減っています。それから小中学校では，学校統合で小学校，中学校をだいぶつぶしてしまったので，へき地の寄宿舎を補助しようということで多少，中高の寄宿舎を補助しています。小学校の寄宿舎というのはあまりありませんが，中学校や高校は結構あります。それから1966（昭和41）年には屋内運動場の基準を変えて18クラスの場合，小学校は600㎡，中学校は698㎡とすることを発布いたします。

　その頃には既に日本は所得倍増計画，工業化の時代に入っておりまして，新産業都市とか工業特別都市ですとか，どんどん工場を造り，人間が集まってきます。そうすると学校を作らなければならない，ということで新産業都市，工業整備特別地域などについて補助率を上げることをします。これは後で出てまいります。

　それから特殊教育諸学校，盲聾養護学校での補助も始めました。高度成長期に入りましたので，公害がものすごく激しくなりました。私も覚えておりますが，朝着たワイシャツが夕方には色が真っ黒になったり，自動車は朝置いたのが夕方にはもう字が書けるくらいホコリがあった。このような状態をなんとかしなければならないということで，公害防止がはじまります。公害防止工事というのは騒音地区につきましては二重窓と冷房。窓を閉めますから，空気汚染地区に関しましては空気清

7　黒金泰美（くろがねやすみ，1910-1986）　日本の大蔵官僚，政治家。衆議院議員を務め，第二次池田勇人内閣で内閣官房長官に就任した。

8　1960（昭和35）年に出されたもので，池田内閣の下で策定された長期経済計画である。その中で「工業高校生44万人不足」と言われた。

9　篠塚氏は国立都城工業高等専門学校の学校長を務めた。

浄機です。しかし，これはあまり使われなかったようです。

　1969（昭和44）年になると人口急増地域の施設補助がはじまり，この時は学校をどんどんどんどん作りました。その時に整地にお金がかかるということで，整地費をまず最初にいただいた。しかしこれは碁でいうと捨て石でして，大蔵省はこれをのんだために後でひどい目に遭っているのです。その後，用地取得費の補助をとうとう勝ち取ったわけです。

　ようやく1972（昭和47）年に小学校の校舎の補助が2分の1になりました。それまでは3分の1だったわけです。同じ義務教育なのに，なぜ小学校が3分の1で中学が2分の1なんだ，と言われると答えることができなかったわけです。「小学校は昔からありました」とその頃言っても話にならない。それで，やっと小学校が2分の1になった。

　1963（昭和38）年に三八豪雪[10]がありましたが，あの頃は時には非常に大きな豪雪がありましたので，特別豪雪地帯の分校には補助率を3分の2。これは普通のところではなく，雪が2mも3mも降るようなところが対象です。

　ちょうどこの時に沖縄が返還になりました。沖縄県の学校施設整備は補助率10分の9です。10分の9というのは，補助というより全額出しているようなもので，あとの10分の1は国がまたお金を貸すんです。それに外部償還金を付けるから，1億円の学校を作るのに地元の負担は確か300万円あればできるという制度です。私どもは10分の9を勝ち取るのにずいぶん苦労をしたわけですが，これは偶然できたわけではありません。大蔵省というところは前例がないことはなかなかできないんですが，前例があると非常に楽なんです。実は，奄美大島が1953（昭和28）年に日本に復帰したときの前例があった。アメリカが日本にプレゼントだと称してクリスマスに奄美大島群島の主権を日本に渡しました。

　奄美は当時本当に貧しいところでしたから，一生懸命「奄美は小さいから10分の9でいい」と10分の9の補助率を付けたわけです。今は離島振興法と同じ率に下がりましたが，その当時，とにかく沖縄については，道路だろうが，橋梁だろうが，学校だろうが，病院だろうが，今までできた最高の補助率にすることが命題でして，探したら奄美に10分の9が出ている。ということで沖縄にも10分の9の補助率がつきました。もっとも沖縄県にとっては，これは当たり前であったかもしれません。沖縄が日本に復帰する前は，沖縄の小中学校には市町村はお金を出しておりませ

10　1963（昭和38）年1月から2月にかけて日本海側を襲った記録的な豪雪。

ん。沖縄琉球政府がお金を出しました。琉球政府にお金があったわけではなく，アメリカ政府が援助して，日本政府が援助して学校には本当にお金がいっぱい付きました。だから沖縄の人は「配給学校」と言ったりしました。

　1971（昭和46）年には，児童生徒急増市町村の小中学校用地補助金ができました。これは先ほど申しましたが，整地補助がその前段階にあります。大蔵省は整地補助付けたんだから，用地もということです。当時，用地費に補助を出していたのは道路と公園だけだったと聞いていますが，これでやっと学校に用地費の補助がつきました。これは5か年間と言ったのですが，一度通知を出すとその後も残っています。

　それから1973（昭和48）年に養護学校をもっと作り，特殊教育をもっとすすめようという動きがありまして，まだ作っていない県には3分の2補助するから作ってくださいと，未設置県に3分の2を補助したのがまた後で効いてきます。それから桜島を中心とした，活動火山周辺の市町村の改築事業を3分の1補助から2分の1にし，この年に校舎の基準を約20パーセント引き上げています。

　私は，たまたま1987（昭和62）年に都城高専の校長になりましたが，あの頃は桜島が大変活発でして，鹿児島高専の校長さんが日曜日の朝，戸を開けたら，ぽんぽんぽんぽん煙を噴いているので，「日曜日くらい休んだらどうだ！」と桜島に怒鳴ったと言います。木の葉っぱに積もって，風が吹くとまた飛んでくるから1年中灰が飛んできて大変です，なんて言っていました。都城までは60kmありますが，都城まで飛んで来るんです。そんなことで，活動火山に対して補助金を出すことがありましたし，1979（昭和54）年には特別豪雪地帯の小中学校の危険改築に3分の2。それから，この時も運動場を改訂しております。1978（昭和53）年になると，活動火山のまわりの冷房補助ができます。

　高校急増は，本当は1975（昭和50）年で終わるはずだったのですが，まだ続いているということで5か年間延長しました。高校進学は，戦前はせいぜい40パーセント内外，大正時代は本当に数パーセントしか旧制中学校に行かなかったそうですが，現在は確か97パーセントが高校進学をしております。

　児童生徒急増市町村の補助も1982（昭和57）年まで続けました。1980（昭和55）年に地震防災と地区の小中学校，これは東海地震が中心ですが，地震防災地区の木造でない校舎を補強するのに初めて補助が付きました。財政力に応じて2分の1から3分の2の補助です。小中学校の屋内運動場も大きくできるようにしました。つまり球技ができるようにしたわけです。

　その後いろいろなことがありまして，小中クラブハウス，学校環境をよくしよう

ということで植物を植えるとか，発電施設を作るとか，グラウンドに芝生を植えるというような屋外教育環境整備に対して，5カ年にわたり，補助金を2分の1付けました。他の事業はどんどん国の補助がなくなっているんですが，屋外環境整備だけはまだ残っている。

　また児童急増市町村の補助を5か年間延長したり，特定地域の大規模改修工事を3分の1補助するとか，中高セミナーハウスとか，その頃は大蔵省もお金があったらしくて，頼むとだいたい付けてくれた。そのことがあったことで，ある意味では大都会では過大規模の学校ができてしまう。

　実は，今までで規模の一番大きかった学校は佐賀県の山間地で，確か小学校で60学級から70学級あるような過大規模校がありました。航空写真で見ますとグラウンドもいっぱいで運動会もできない。だから31学級を超えるような学校には，7分の2という変な比率ですけど，分離するための補助を付けた。

多目的スペース補助

　これはまさに建築学会の考えで，日本は今まで一つの教室に一人の先生で授業をやってきたわけですが，いろんな教育の仕方があるのではないか，いろんな授業をしようということで，多目的スペースというものを作った。ここは，ものを作って置きっぱなしにしてもいいし，本を読んでもいいし，というスペースの提案を建築学会からいただきまして，それを補助するようになった。今日は行政の話ばっかりですが，文部省にいたときには建築学会にお願いして，学校建築計画にしろ，鉄骨校舎にしろ，何回も学校建築の指導書を作っていただきました。

　でも，学校によっては補助金がもらえるから作ったけど，どうしたらいいか分からない。これは倉庫じゃないか，というような学校もありました。吉武先生[11]と先生のグループには長い間，学校建築について大変な指導をしていただいて，基準書や改訂は，学会や吉武グループにお願いして作っていただいた。教育のほうは後からついてくる。実際はソフトがあってハードが後からついてくるのが当たり前ですが，日本の教育では，先生を教育する教育学部では教育心理やスポーツのようにいろいろなものがあっても，教育施設に対する教育がまったくない。だから学校の先生から施設をこうしたいという話がなかなか出てこない。吉武先生に言わせると，

11　序章，1章，2章を参照。

ハードがソフトをリードするんだ，ということでした。

昭和から平成へ

　1985（昭和60）年頃になると，経済自体はそう悪くないのですが，政府は大借金している。日本は国債をいっぱい出しているけど外国からは借りていない。政府は大変に借金があるので，駄目だということで，高補助率のものを10パーセント引き下げたんですね。そうすると，文部省はギブ・アンド・テイクで，大規模改修の地域制限を撤廃しろとか，屋内運動場を引き上げろとか要求します。1986（昭和61）年にはさらに引き下げられるんですが，災害と沖縄は除く。それなのに高校生急増補助金は3か年延長した。

　他に木の教育研修施設の補助があります。林業の議員たちが，日本の山が荒れるのは木を使わないからだということで，木の研修施設を作れと言ってきました。外国産のほうがはるかに安いので国内産の木材をあまり使わないけれども，国内林業を活性化しないと水害がきたり，災害がくる。だから学校に木材を使えということです。逆に，屋外環境整備の補助率が下がった。その後は児童生徒急増市町村の補助を延長したり，特殊学校の高校の基準を引き上げたりしました。私が文部省にいたのはそこまでです。

　平成になると，大規模改造の補助が，情報教育とか教える内容が変わってきたのでそのための改造を補助する。また，施設ではなくて降灰の除去を補助するようになりました。

　1990（平成2）年にはコンピュータ教室分の面積を加算したり，高校の補助率を下げたり，火山爆発の応急校舎補助をします。大規模改造が1億5千万までが対象だったのを2億まで引き上げます。それからアスベスト対策とか，高校のコンピュータとかLL教室，その頃から障害児が普通学級に来るようになったので，エレベーターも補助対象になりました。

　1997（平成9）年の小中学校の基準引き上げはまさに建築学会のお世話になったのですが，これでおそらく，学校建築が国際水準に達した。高校の基準改訂で基準が上がり，LANの補助をした。IT授業を20人でやるというので，そのために教室を半分にすることが出てきたりします。

　2002（平成14）年になると安全管理対策が出てきます。これは，大阪教育大学附属池田小学校に男が入り込んで子供を殺してしまったのが契機です。それで学校の

安全管理がなっていないのではないかという意見も出て、すぐに何かしなければということで、カメラや非常設備を補助するようになったのではないでしょうか。

そして中高一貫校の補助。中高一貫は中等教育学校というのですが、10年くらい前の中教審で中高一貫教育が必要だと言っているんですね。私立学校はずっとやっていたんですが、それを最初に実施したのが宮崎県です。その時の知事さんが中高一貫校をやろうじゃないかと、木造で建てたんですね。すばらしい学校[12]です。

ただ、高等学校と中学校では補助の仕組みが異なるので、中学校しか補助できない。なんとか起債をして作ったみたいです。中高一貫学校をもっと進めようという機運はあります。それでも方法は一つではなくて、高等学校と中学校を本当に一体にする方式と、中学校も高等学校もそのままで、高校の先生が時々、中学校に授業をしに行くようなスタイルもいろいろあります。

三位一体の改革：補助金から交付金へ

国が出している交付税や地方税をもっと上げて欲しい、そのかわり地方のやることは自由に任せて、国は口を出さないで欲しいということになりました。それで文部省で一番やり玉に上がったのが文教施設です。文教施設は補助金がなくなるのだから、施設助成課はいらないだろうという話にもなりました。学校の先生の給料の一部財源を市町村に委譲すればいいではないか、と。これに対しては反対はほとんどないんです。

反対するのは文部省とPTAくらいで、知事をはじめ市町村長は自分たちの自由に使える予算が増えるのだから、いいのではないかと地方6団体はほとんどがこれに賛成でした。しかし、そうしてしまうと格差がつくということで、若干の事業について廃止して地方にやっていただくことになりました。ただ、危険校舎や不適格事業は交付金という格好で文部省が出すけれど、扱いはかなり自由にしました。

先ほどから、ずっと話してまいりましたが、そういった負担金は今は小中学校の新増設事業だけです。改築事業や補強とかは交付金という形でやっております。不適格改築事業、高校体育施設、中等教育施設、定時制・通信制高校、学校給食施設、地域連携施設、高校産業教育施設等々の補助は廃止いたしました。これは、地方公共団体が思うようにできたらよいだろうということになりました。

12　1994（平成6）年に開校した宮崎県立五ヶ瀬中等教育学校。宮崎県臼杵郡五ヶ瀬町にある。

補助の仕組み

　最後になりますが，小中学校の補助について少しだけ仕組みをお話ししておきます。例えば，工事が全体で1億円かかったとします。新築工事で補助率が2分の1ですと，国は5千万，地方は5千万出すわけですが，私がいた当時は政府債といって地方が持つ分の75パーセントのお金を国が貸します。これは郵便貯金とか簡易保険のお金を貸します。25パーセントは自前で，借りた75パーセントを25年かけて返すわけですが，今度は返した分の元利償還金が交付税という格好で地方に行きます。ですから，2分の1補助で地方負担が大きいといっても実際には表と裏から行くお金を合わせて80パーセントです（次頁図参照）。

　ところが問題は単価差でして，国の補助単価では学校が建たない。そこで超過負担という言葉がずいぶんありまして，特に大阪や横浜を中心として問題になった。補助金で建てられるようになんとかしてほしい，と当時の横浜市長の飛鳥田一雄[13]さんが来たんです。なんとかできる格好にしないといけないということで，文部省の社団法人の文教施設協会で，当時から鉄筋コンクリートをやめたらどうだと考えた。

　指導要領が改訂になっていろんな教育をやらなければいけないのに，ラーメンでガチガチの建物では変更がきかない，柔軟性がない。重量鉄骨ならばいくらでも間仕切りを取り払ったりできるということで，文教施設協会が中心になって，鉄鋼メーカー，新日鉄とか富士とかと一緒に作った。当時GSK[14]という名前でやっていた。GSKでやりますと，工期が非常に短いんです。一生懸命使ってくれたのは千葉県。千葉県では県立高校を作るのに用地買収が遅れて間に合わないだろうと言っていたときに，GSKシステムで10校くらい作って間に合わせた。しかし，その後やめてしまった。その理由が，地震で天井板がいくつか落ちたことなんです。こちらは天井はまた付ければいいと言っても，生徒にしてみたら空が落ちてきたような騒ぎですから，やめてしまった。

13　**飛鳥田一雄**（あすかたいちを，1915-1990）　日本の政治家。衆議院議員，横浜市長，日本社会党委員長を務めた。

14　学校施設建設システムの略称。システムズ・ビルディングによる工業化構法の一つで，重量鉄骨造によるもの。

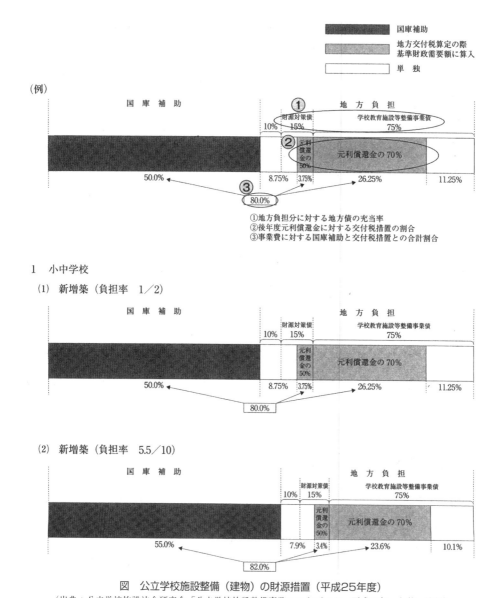

図　公立学校施設整備（建物）の財源措置（平成25年度）
（出典：公立学校施設法令研究会「公立学校施設整備事務ハンドブック―平成25年―」第一法規）

　その後，GSKで作った学校を見に行きましたら，鉄筋コンクリートの校舎と同じ使い方をしていて，特別教室を別に増築していた。壁を取ればできるんですよ，と言ったのですが，使い方の指導も不十分だったなあと思います。
　さて，公立学校施設整備の財源比較表ですが，新増築では補助金が2分の1です。

ですが，90パーセントが当該年度は地方債になりますので，借金でできるわけです。自治体は負担分の10パーセント用意してくださいということになる。後年度になると，元利償還の70パーセントがあって負担は全体の20パーセントになる。それより前の3分の2補助でも85パーセントで，2分の1補助でも80パーセントが補助や地方債になるので，3分の2と2分の1ではずいぶん差があるように見えるんですけども，地方の負担分にはそう差がない。

　改築事業でも，学校教育施設等整備事業債という借金をいたしますと，元利償還の決まった率が補助されるので，3分の1しか補助しないのかと言われますが，自治体の負担は少ない。

　それが交付金になるとなくなります。交付金になると後年度の元利償還をなくしてしまうので，後年度はまるまる借金を返していかなければいけない。この件については，国の借金があまりにも多いのでそうなったのですね。

質疑応答

【質問】面積の基準で1教室あたり74㎡というのがありますが，その数字はどのような根拠で出てきたのでしょうか。

　1872（明治5）年に学制発布してからも，市町村にとっては学校というのがどういうものか分からない。ということで，1895（明治28）年に「学校建設図説明及設計大要」[15]と，学校の施設の手引書のような冊子を文部省が出しております。その中にいくつかの教室のタイプがあります。その中で4間×5間の教室があります。確か80人用だったと思います。単純にメートル法換算で66㎡です。

　しかし，鉄筋コンクリートにすると柱が出る。有効面積が少なくなってしまうので，鉄筋用補正と称して1.125倍します。そうすると74㎡になるのです。そこが文部官僚のテクニックです。20坪66㎡を正味で使おうとすると，柱が出てきた分を1.125倍で補正すると74㎡です。時代でいうと，1955（昭和30）年になる前です。今ではすべて鉄筋コンクリートで基準ができています。

　これが非常に面白いのは，その後子供の数が減ってまいりまして，50人，45人，小学校は全国平均でいきますと27，28人，中学校でも30人くらいですが，それでも

15　学校建築のあるべき姿が実例で示された手引書。設計基準と標準設計を併せた性格をもっていた。

4間×5間の教室を作っていることです。これは教師がしゃべりやすいのか，何かの黄金比ではないかと思うくらいです。

　面積の話をもう少しすると，廊下・階段面積がだいたい33パーセントですが，それよりも多い場合も多いんですね。ではクラスタータイプ，階段室から直接入るタイプを作ると廊下がいらないですね。そこにバルコニーを作って横につなげる。建築基準法では1mを超すとバルコニーを面積に算入するはずですが，文部省の補助基準では大げさにいえば3mだろうと5mだろうと面積に算入しない。三方囲まれた空間を初めて計算に含める。クラスタータイプは給食の運搬やら何やらで不都合があるのですが，よく言えば少ない補助金を有効に使う方法ですね。

　建築基準法で教室の天井高は3m以上だったんですが，これは撤廃されたんですよね。単純に言えば，天井を高くして生活空間を良くしたいというのがあるわけなんですけど，あれを自由にしたんですね。もともと3mは気積で決まったんですけどね。当時の建築の図説では20坪の教室で天井高が9尺[16]，それで窓の大きさまで決まっていましたからね。我々は3mをもっと高くしてもいいんじゃないかと思っていたんですが。

【質問】 戦後，面積の算定が人数で1人あたり0.7坪とか0.9坪だったのが，1964（昭和39）年にクラス数に大転換をする。面積基準の根拠はどこにあったのでしょうか。

　最初が1人あたり0.7坪でした。それを学級基準に直したのです。高校だけはずっと1人あたり基準ですが。0.7坪の根拠はわりとはっきりしています。20坪の教室と廊下と，便所を足して，60人で割り算をしたのです。事実，当時それに満たない学校が日本国内にはだいぶありました。オーバーしていたのは京都くらいでしょう。

　当時，全国平均の子供の数の計算をしたはずです。そうすると人数あたりで計算すると小規模学校などは教室がなくなってしまいます。例えば，一人だったら0.7坪の学校になってしまう。これは極論ですが。

　そこで，1人あたり基準では合理的でないということで，人数平均をとって，学級数で考えることにした。高等学校だけ1人あたり基準だったのは，高等学校は近

16　1895（明治28）年の「学校建設図説明及設計大要」による。

頃はやめていくのもいますけど，普通は学級編制基準の入学定員をとりますよね。義務教育では1人とか2人から50人まであり得ますからね。そういう事情かもしれません。

　転換したのは，当時の課長が，一人用の教室はあり得ない，日本の学校は学級で行動するから学級基準でいこうじゃないか，と考えたからです。人数ベースの頃も，その計算は補助金だけであって，実際にはクラス数で面積を計算して建てていました。ところが，60人いないのに1教室で考えると，補助金は人数分の面積しかないので，地方の負担が増えてしまいます。だから学級数にしたときにはずいぶん喜ばれましたね。

　補助基準面積の位置づけも変わっています。教室数で算定しますけど，今は壁のない，廊下のない学校もずいぶんできてますね。最初の義務教育小学校国庫負担法では，「教室不足を解消するため」と書いてあるんです。教室不足がなければだめだった。今ではそれは取れています。だから面積の中では自由です。考え方としては，面積分の補助をするから，その中では自由にやってよいということです。

　千葉の幕張にある打瀬小学校[17]では学校の中を人が通ったり，動線が蛇みたいになっていたり，ずいぶん雑誌には取り上げられました。ですが，校長先生が変わったときに，文部省はこんなものを推薦するのか，と手紙まで来ました。陽の当たらないところは当たらないし，当たるところはカンカン当たるし，廊下はうるさいし，こんな建物は二度と作らないように注意してほしいと言うんです。ですが，ああいう学校はああいう学校なりの使い勝手があるはずですよね。設計者も先生も最初はそれを考えていたはずだけど，普通の学校と同じに使おうとするとそういうことになってしまう。

【質問】 モデルプランを作って基準面積を出すわけですか。

　大蔵省に対する説明としてはそうです。単価の積み上げもそれでやります。鉄筋やコンクリートの量を計算して決める。ところがその図が外に出ると，文部省型の設計になってしまう。ただ，そうすると，地方などでは「これでいいや」と，それを使って建ててしまうから出せないんです。

17　幕張ベイタウン内の小学校。設計はシーラカンスで日本建築学会作品賞を受賞している。1995（平成7）年に幕張新都心住宅地区の町開きとともに開校した。

【質問】オープンスクールの補助のモデルプランはあるのですか？

　効率的に教室不足を解消するためというのがあったので，「オープン教室」となっています。オープン教室に何平米という基準を作ったんです。建築の方はオープンスペースと言いますけど，大蔵省の人はオープン教室，多目的教室という言い方をする。法律が「教室不足を解消するため」ですので，それを補う教室だという理屈ですね。

　ここまで来てだいぶ良い学校ができていますが，この時点でもう一度，いろいろお考えいただければいいなあと思います。

第3章 学校建築と補助制度

●人物紹介　篠塚 脩〈しのづか おさむ〉

川島 智生（京都華頂大学）　近代建築史，特に学校建築史が専門。研究の一環として篠塚氏に聞き取り調査を実施した。

　戦後，文部省による義務教育施設に対する建設費助成を担った旧文部省の実務担当者に対する聞き取り調査である。篠塚脩は1962（昭和37）年より文部省教育施設部助成課に勤務し，1977（昭和52）年までの15年間の長きにわたり助成金業務に関わり，これは，その回顧談である。

　義務教育施設，すなわち1872（明治5）年スタートの小学校並びに1947（昭和22）年以降の新制中学校について，それらの設置を国家は市町村に強いたが，建設並びに運営は最初から「設置者負担主義」の原則により地域に委ねられていた。国家が恒常的に校舎建設費に助成を行うのは1958（昭和33）年以降であり，それまでの86年間，小学校の校舎は市町村の負担であったから，地域間格差が激しく，都市部の裕福な地域は立派な校舎を建設できたが，農村部の貧しい地域での校舎は安普請の老朽校舎のままという構図があった。

　義務教育諸学校施設費国庫負担法の成立にあたっては昭和20年代の我が国の校舎をめぐる過酷な状況が背景にあった。戦災で校舎の約15パーセントが焼失し，戦時体制下で補修もできずに校舎は老朽化し危険校舎化した。また昭和20年代は地震や台風など災害が多発し校舎は壊れ，そこに新制中学校校舎の建設が重なった。すなわち戦災復旧・危険校舎改築・災害復旧・新制中学校建設の4つの事業遂行が迫られたことで，施設費が嵩み，多くの自治体ではとても担い切れない負担となる。そのために建設費に対して臨時の国庫補助が開始される。1946（昭和21）年より戦災諸学校建物復旧補助が，1947（昭和22）年には中学校の施設整備費が，1953（昭和28）年には公立学校施設費国庫負担法・危険校舎改築促進臨時措置法・災害復旧事業に関する特別措置法の「施設旧3法」が成立した。また1955（昭和30）年には同一の教室を時間で分けて2つのクラスが使用する2部授業を廃するための公立小学校不正授業解消促進臨時措置法が公布され，児童1人あたりの所要面積がそれまでの0.7坪から0.9坪に変わる。

　これらの補助金はあくまで臨時のものであって，恒久的なものではなかった。だが1958（昭和33）年に施行された義務教育諸学校施設費国庫負担法は臨時的な性格を脱却した。義務教育諸学校施設費国庫負担法が1958（昭和33）年より施行され，公立小学校および中学校の新築または増築に要する経費の2分の1を国が負担することになる。

　この補助金を求めて各市町村は競い合う。その際の決め手が耐力度調査表に基づく緊急度であった。木造が主で，柱の大きさや間隔，壁量などのチェックポイントからなった。この制度は一方で校舎の規格化につながる。助成にあたって校舎は規格化に基づいた内容となり，標準化が進展する。建築内容ばかりかファサード（建物の正面部）も共通するものが数多く誕生することになる。

　助成金制度は我が国の義務教育施設が鉄筋コンクリート造に変わる大きな要因となる。実際に1958（昭和33）年以降に校舎の改築は一挙に増加し，鉄筋コンクリート造の割合は急増する。木造は災害などによる被害が大きいので積極的に推進せず，不燃化の鉄筋コンクリート造を促進するという性格があった。

　このような制度成立以前に国家が補助した唯一のケースとして，篠塚が挙げるのは1939（昭和14）年，秋田県男鹿半島の地震による被災小学校の復旧であった。さらに指摘はなかったが関東大震災による東京市の復興小学校建設の際に，4分の1は国が「地方復興事業補助」により支出

し，東京市に補助していることも補足しておく。

　篠塚は助成金担当者として，我が国の小学校と地域の関係を示す感慨深い指摘を行っていた。「それほど地域によっては学校に愛着を持っていた。それはやはり，自分たちが血と汗のお金をつかって作ったと，これは国が補助金を出さないからの結果でございまして，これが大変日本の学校建築を長い間，苦しめたのですが，大事にされた理由の一つ」と言う。つまり，助成金がなかった1958（昭和33）年までに建設された校舎のことである。校舎の取り壊しの際に保存運動や別れの儀式など何らかの行動が示されることが多い。それは自分たちが建てたという思いが強いことの反映だろう。だがこの制度が成立して半世紀を経て，以降に建設された小学校校舎に対する卒業生の愛着度は減ったようだ。

※

　最後に篠塚脩の経歴を記すと，1929（昭和4）年8月に東京都品川区に生まれ，1950（昭和25）年，国立千葉農業専門学校（現千葉大学園芸学部）緑地土木科を卒業，同年千葉大学施設課に勤務する。1962（昭和37）年，文部省教育施設部助成課に移り，同課課長補佐，教育施設部計画課課長補佐を経て，1980（昭和55）年，東京医科歯科大学施設部長に就任する。1983（昭和58）年に文部省に戻り，文教施設部指導課長，同部計画課長，技術参事官を歴任し，1986（昭和61）年，都城工業高等専門学校長に就任した。1993（平成5）年，文教施設協会特別顧問，2011（平成23）年2月，81歳で逝去する。筆者は2007（平成19）年から2009（平成21）年にかけて三度面談し，聞き取り調査を行った。

第4章 学校家具でおもうこと

小原　二郎　〈こはら じろう〉
※人物紹介は106ページ

●講演日：2008（平成20）年1月11日
　インタビュー：2010（平成22）年9月22日

木材を勉強した時代

　学校家具という言葉は1965（昭和40）年頃にはありませんでした。その話から始めます。文部省では1964（昭和39）年に教育法の改正に伴って，従来は教室の中に2人用の木製机が並んでいたのを一人用に改め，それを生徒の体位に合った机・椅子に変えようというので委員会を設けました。その時の委員に中学校と小学校のベテランの校長先生がおられましたが，2人とも「学校の中で家具と呼べるのは，応接室と校長室にあるものだけだ。教室にあるのは机と腰掛けだが，あれは家具と呼ぶのはおかしい」と強く反対されました。

　当時は家具と呼ぶのは洋風の豪華なセットで，木製の腰掛けなどは道具の仲間でしかない。それを各人の体位に合わせようという大串課長さんの見識は立派だったと思います。今日使われている椅子の科学などという考え方は，文部省の学校家具から始まったと言ってよいでしょう。

　実を言うと，私は学校家具のお手伝いをしたので建築学科の仲間に入れてもらったようなものですから先にその話をします。私は，兵役に二度招集されて30歳になったときに敗戦によって社会人に戻りました。補充兵二等兵から大尉になるまでの長い軍隊生活をしました。敗戦の混乱の中で就職できたのは思いがけない教職でした。京都府立大学に勤めたとき，学長から「大学に席を置くからには義理人情に欠けることはあっても研究を中断してはならない」という厳しい教訓を受けました。しかし私は基礎学を身につけていませんでしたから，学長の期待に十分に応えることはできませんでした。

　それでも木材の研究では，ヒノキは300年ほど経つと3割強くなり，1,400年経った法隆寺古材でもまだ1割ほど新材より強いことを証明しました。そのことをまとめて後に農学博士になりました。もう一つの研究は古代の木彫仏の用材の流れを調

べました。有名な国宝第一号の京都太秦・広隆寺の宝冠弥勒像がアカマツで彫られていることを顕微鏡で調べて発見しました。これは大きな話題になりました。

　当時の仏像はすべてクスノキで刻られていましたから，私は朝鮮渡来の仏像であろうと発表した。ところが，文化庁から「妄説をはくな」とひどく叱られました。しかし，現在では私の説を支持する人のほうが多くなっています。私は京都で10年ほど先生をしている間は木の勉強をしていました。

　私は学生の時期を加えて京都に15年ほど住みました。その期間に日本の木の文化に対して深い興味をもつようになりました。有名な法隆寺宮大工の西岡常一棟梁[1]に可愛がっていただいて，後に共著「法隆寺を支えた木」（1978年、NHK出版）をはじめ，木の文化について数冊の著書をまとめました。これらの本は後に中学校と高等学校の教科書に採用されたほか6つの大学の入学試験問題に出題されたりして，木材の専門家ということになりました。後に，2006（平成18）年には「みどりの文化賞」をいただく幸運に恵まれました。

建築学への弟子入り

　1956（昭和31）年に千葉大学の建築学科に勤務することになりました。私は建築の知識がまったくありませんでしたから，40歳で建築の分野に弟子入りしたことになります。千葉大学の工学部は戦争中は東京高等工芸学校でしたが，戦後，千葉大学に吸収されましたから，建築学科の中に半講座の木材工芸という助教授席があって，そこに採用されたのです。

　昭和30年代は旧専門学校が大学に昇格してたくさんの大学が生まれましたが，昭和20年代からあった旧制の大学の卒業生は少なく，大手の設計事務所に就職していました。大学で教えていたのは，大建造物の設計と構造でしたから講義は壁のところまでで終わり，室内は一段下級の職人の仕事でした。また，住宅は木造で大工の仕事ですから，現在でいうインテリアに相当する部分は大学の教育の範囲ではなかったのです。大型建造物はゼネコンが請け負って内部の仕上げは下請けの職人の仕事という構造が建築界の姿でした。千葉大学の工学部は新制大学でしたから，材木の専門家なんて不要ということで私の存在理由はありませんでした。

1　西岡常一（にしおかつねかず，1908-1995）　日本を代表する宮大工の一人。祖父，父共に法隆寺の宮大工棟梁の家系。

以上に述べたような事情で私が困っている頃に，アメリカから世界大戦中に開発された人間工学が日本に紹介されて大きな話題になっていました。1959（昭和34）年頃に私の受けた感じでは，それは工学と生物学の中間に位置づけされるものらしい。それなら私でもできるかもしれないと考えました。そして，建築学の中で欠けている室内に理屈をつければ建築の基礎知識として認めてもらえるだろうと思いました。それで，人間工学の勉強を始めました。

　その時の私の心境は富士の裾野の草刈りで定年まで努力すれば，山の麓の雑木林くらいには到達できるだろうと考えたのです。幸い主任教授が支援してくださったので講座名をインテリアにしようと思い，文部省の役人に相談しました。その答えは「まだ日本語になっていないから，駄目だ」ということでした。許可になったのは1970（昭和45）年でした。通産省はそれを応用してインテリア産業として今日の隆盛に成功したのです。

　ちなみに今広く使われているデザインという言葉が国語として認められたのは，昭和30年代の後半です。戦前は図案，戦後は意匠になり，その後にデザインになりました。現在はカタカナ用語があふれていますが，以上に述べたような難産の末にインテリアの名称が広く使われるようになりました。

　私が人間工学に入門して少し覚えた頃に文部省の学校家具の規格化の計画が始まりました。それを手伝うように依頼されましたから仲間も増えました。そうしたら誰かが建築人間工学という立派な名前をつけてくれたので，建築学の中でも通用するようになったというのが実状です。

学校家具のための人体計測

　文部省に設けられた学校家具の委員会[2]はスタートしましたが，何よりも必要な人体計測の資料はまったくありません。身長と体重と座高のデータだけは明治以来そろっていました。幸い私は日本人間工学会の中の人体計測部会長に任命されてい

2　文部省の学校施設基準規格調査会に設けられた学校家具の寸法を規格化するための委員会。後にこの委員会で示された規格が，学校家具の寸法体系を決めるJISとなった。

3　人体の計測点間の距離，周径，弧角，角度，比重などを測るという，ドイツ人類学者R・マルチンが確立した計測法をマルチン式計測法と呼び，その計測に用いる専用の測定器具のこと。現在，人体測定を行う際の世界的な統一基準となっている。

ましたので，その方々と委員会の中の一部の人と協力して学童の人体計測を始めました。当時はマルチン式測定具[3]という重い器具を持参して文部省の同意を得た学校に行き，計測を始めました（図1・2）。これは重労働でしたが皆さんの協力で第一期に約1,000人，第二期に約800人のデータが集まりました。第一期というのは委員会の始まる以前に日本人間工学会の人体計測部会の測定したもので，その合計1,800人のデータを基礎に文部省の委員会は検討を始めました。

　私は日本人間工学会の人体計測部会長を命じられたとき，うかつにも大学の医学部には遺体が多く研究用として保存されているので，それを集めれば答えの一部は得られると思っていました。後に分かったことですが，それは骨計測で人間工学の必要とする計測値とは関係のないものであることを知り恥ずかしい思いをしまし

図1　差尺の検討
（出典：小原二郎・内田祥哉・宇野秀隆「建築・室内・人間工学」鹿島出版会，1969）

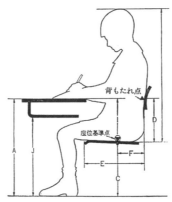

図2　机・椅子の寸法の決め方
（出典：小原二郎・内田祥哉・宇野秀隆「建築・室内・人間工学」鹿島出版会，1969）

た。人体計測はその後も増えて5,000人近くになりました。その頃、大阪では万国博覧会が催され、昭和の日本の姿を5,000年後に伝える計画が立てられました。そこで選ばれた2,068点を直径1mの金属球の中に収めて大阪城内の地中に埋めました。学校用家具の基礎資料が選ばれ、別な面でも役立ったことを付記した次第です。

　さて、話は文部省の委員会に戻ります。委員はいずれも机についても椅子についても事務所や学校などの昼間の使用については何がしかの知識はもっていても家庭では畳の上の暮らしですから、椅子については腰掛け程度の知識しかありません。勝手な意見の続出でなかなかまとまりません。そのうちに私は1965（昭和40）年度の在外研究員になりましたので、結論を出す必要に迫られてJIS原案を取りまとめました。これについては後に続きをお話しします。

ヨーロッパとアメリカの研究事情

　人間工学が日本に輸入されたのと同じ頃にヨーロッパでは、スウェーデンの医師オーケルブロム氏[4]が椅子にも科学が必要だというレポートを書きました。それをスイス工科大学のグランシャン教授[5]が引き継がれ、1969年に膨大な研究報告書として出版されました。内容は20数名の方の研究論文集です。

　私のアメリカ留学の話を簡単に報告します。私は言葉の自信がありませんでしたからそれまでの研究を小さな冊子にまとめて持参し、シカゴのイリノイ工科大学に1年在籍しました。私はアメリカでもヨーロッパのような研究が進んでいるであろうから、それを学んで帰るつもりでしたが、当時のアメリカにはそれがありませんでした。主任教授のダブリン氏[6]は、イリノイ工科大学のみならず6つの大学で研究発表をするように取りはからってくれました。さらにタイムライフ社の「科学百

4　ベングト・オーケルブロム（Bengt Åkerblom, 1901-1990）椅子の人間工学的研究のパイオニア。彼の論文"Standing and sitting posture"は人体計測に基づいて立位・座位姿勢について理論化し、当時の家具デザイナーに広く参照された。

5　エティエンヌ・グランシャン（Etienne Grandjean, 1914-1991）スイス連邦工科大学チューリッヒ校で生理学・人間工学の教授を務めた。労働生理学の観点からみたオフィスデザインの研究などを行った。

6　ジェイ・ダブリン（Jay Doblin, 1920-1989）工業デザイナー。システム思考やデザイン理論で知られる。

科事典」にも掲載されるなど，予想もしない幸運に恵まれました。

　これは後から想像して分かったことですが，私たちの研究が時期的に早かったためだろうと思います。数年遅かったら話題になることはなかったろうと考えていますが，その機会を与えてくれたのは学校家具のお手伝いをしたおかげと深く感謝しています。

　人体計測が学校家具の規格を作るまで大きく役立ったと言いましたが，その手本になったのはアメリカの著名なデザイナー，ヘンリー・ドレイフェス氏[7]の業績です。当時は，日本はどこのデザイン系の大学に行っても氏の現物大の計測図が壁に貼ってありました。アメリカは多くの国の人種の集合国だったからその必要が強かったのでしょう。私は留学中にニューヨークでドレイフェス氏にお目にかかりお世話になりました。

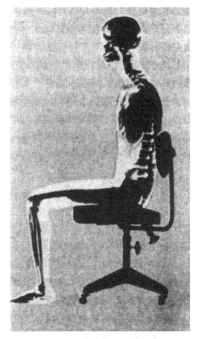

図3　椅座姿勢のX線写真
（出典：「文教施設」2005年秋号）

　もう一つ付け加えたいのは，私たちの作った椅座姿勢のレントゲン写真のことです（**図3**）。アメリカの雑誌を見ていたら，自動車の車体の運転手の良い姿勢と悪い姿勢の小さなX線写真がありました。

　医学部の先生のところに相談に行ったら，X線で正確に写るのは中心部分だけだ。全身写真なんか撮れるわけがないとのこと。当然だと思って帰りかけたら，傍らで聞いていた若い医師が追いかけてきて，私が試してみますと言って椅子に腰掛けた学生の側面から10枚ほどの写真を撮り，地図を作るときの要領でつなぎ合わせたら立派な全身写真になりました。

　アメリカに持って行ったら，どうして撮ったかと聞かれました。アメリカの雑誌からのヒントだと答えたらそれを調べて，あれは絵で写真ではないことが分かりました。私たちの実験の中にはこんな例がいくつかありました。若い方々の知恵はすばらしいと思います。

7　ヘンリー・ドレイフェス（Henry Dreyfuss, 1904-1972）　数多くの製品をデザインした工業デザイナー。人間工学，人体測定学，ヒューマンファクターの先駆けとなる考え方をしていた。

JIS[8]がISO[9]になったこと

　ここで話は学校家具の規格の話に戻ります。文部省の委員会は議論を重ねた上で，机は３cm刻み，椅子は２cm刻みで11段階の寸法の組み合わせにまとめました（次頁表参照）。ところが，教室の中で机を組み合わせると机の甲板が平面にならないので偶数号だけを実用値として認め直すことにしました。すると１クラスで全部の机を組み合わせても机の甲板は２段階になるだけですから，それを推奨することにしました。

　1968（昭和43）年にスウェーデンの家具研究所長が千葉大学の私の研究室に訪ねて来られました。そして，ヨーロッパでも学校家具の規格を作ることになり，私にISOの原案づくりの委員長になってほしいと言うのです。家具研究所長が私の学校を訪ねて来られたのは，次のような事情があったからでした。当時は日本では北欧家具が大人気でしたから，木製家具のメーカーが1963（昭和38）年に北欧の現場を見学することになりました。私も同行しました。１ドル360円の時代でしたから今とは違って海外に出るのは珍しいことでした。その時，スウェーデンの家具研究所を見学しました。また，昭和42年に再度研究所を訪問し，日本の学校家具の規格化について話をしました。それで私の学校に立ち寄ってくれたのです。私は日本の事情を説明し，JIS規格の印刷を贈呈しました。ISOは日本のJISの偶数号をそのままの形で規格化しています。違うのは大きな寸法を一つ加えたことです。日本の家具の号数の選定は，靴を履かない想定で精密な測定値を参考にしていますが，ヨーロッパでは靴を履いたときの身長によって机の号数を決めるのでJISの偶数号だけを採用し，体位も大きいのでJISに一段高い机を加えるという選択をしました。それを見てさすが長い家具の歴史をもつヨーロッパの賢明な対策だと感心しました。

8　JIS：Japanese Industrial Standardの略。日本工業規格。1949（昭和24）年に制定された工業標準化法に基づき，工業品の形状，品質，性能，生産方法，試験方法など日本の工業品に関わるあらゆる標準規格を定めたもの。家具の寸法規格などにも用いられている。日本国内の任意標準の規格であるが，公立学校施設などにおいては，JIS規格に適合する机・椅子が今日もなお主流となっている。

9　ISO：International Organization for Standardization,和訳：国際標準化機構（欧州EC加盟国が中心）。製品やサービスの国際交流を容易にするために国際的に通用する規格や標準類を制定し，その発展と普及を図ることを目的とする非営利民間団体。現在，WTO（世界貿易機構）加盟国が国内規格を制定する際は原則としてISO規格に準ずることが決められ，日本もJISを順次ISOに切り替えている。

表　普通教室用机・いすの寸法 (旧JIS)
(出典:「学校建築　計画と設計」1979, 丸善)

		1号	2号	3号	4号	5号	6号	7号	8号	9号	10号	11号
机	机面高　A	730	700	670	640	610	580	550	520	490	460	430
	物入れの厚さ　B	110 以下								100 以下		
	甲板 ($L \times W$)	600×400										
いす	座面高　C	440	420	400	380	360	340	320	300	280	260	240
	差尺　$A-C$	290	280	270	260	250	240	230	220	210	200	190
	背もたれ中心高　D	270	260	250	240	230	220	210	200	190	180	170
	壁面有効奥行　E	400		365		330		295		260		225
	座位基準点距離　F	95		90		85		80		75		70
	座面幅　G	360 以上				340 以上				320 以上		
	背もたれ垂直幅　H	100 以上										

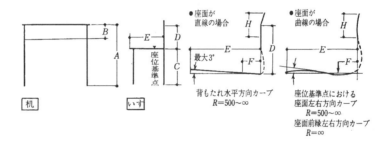

　いずれにしても，日本のJISがそのままの形でISOに採用されたというのは，家具の歴史の短い私たちにとっては明るい気持ちになります。その源となったのは文部省が学校家具委員会を設けた成果であったといえるでしょう。そのことを述べておきたいと思います。ついでながら付け加えたいことがあります。日本では戦後になっても庶民の住宅に対するあこがれは木造一戸建てで，畳の上の生活をしていました。1955（昭和30）年に住宅公団がコンクリートの団地を造ると，椅子に座って食事をするというスタイルが庶民のあこがれの姿になりました。1955（昭和30）年から1965（昭和40）年までの間に木製家具業界の生産量は10倍になったと記憶していますが，その中心になったのは食卓の普及によるものでした。

　日本では家具と言えば木製に限られていましたが，戦後アメリカの進駐軍が来てスチール家具を使ったところから学校家具にもスチール製が広く使われるようになりました。ヨーロッパもアメリカと同じようにスチールかと思いがちですが，そうではありません。その例として次のような話を付け加えておきます。戦後日本が占

領されているとき，アメリカ軍はスチール家具を日本に準備させましたが，イギリス軍は木製の家具を納入させました。これは，長い歴史をもつヨーロッパと新しい国のアメリカの違いを示すものだ，と私は考えています。北欧の白木の家具が人気が高いのは木造住宅に住む日本人の好みに合うからです。学校家具も人間工学的なチェックも必要ですが，文化との関係も考えてほしいと私は思います。

● 人物紹介　小原　二郎〈こはら じろう〉

上野　義雪（元千葉工業大学）　1972年，千葉大学小原研究室助手。1988年，千葉工業大学講師。日本インテリア学会理事。

　小原二郎先生が学校建築と接点をもたれたその経緯については，ご講演の中で詳細に述べておられるが，私なりに小原二郎先生を紹介させていただくと以下のようになる。

　ご講演の繰り返しになるが，そのきっかけは学校用家具のJIS委員会委員長を務められたことにある。この規格化の実践で重要な役割を果たすキーワードが「人間工学」と「インテリア計画」である。人間工学は，心理学，医学，生物学，工学などの学問を包括する総合専門分野として構築されるもので，小原先生の独特な見方・考え方・発想法は，初期のご研究である木材の老化に関する研究にさかのぼり，生来から兼ね備えておられたものと考える。このご研究は，農学や生物学の範疇で遂行されたものであり，人間工学と多くの共通点をもつといえる。

　小原先生は，木の老化，インテリア（家具，水回り設備など）の人間工学，自動車，鉄道，航空機シートの人間工学，住宅産業に関わる行政・研究，工業高等学校木材工芸科のインテリア科への改組，インテリア関連の資格制度化，日本インテリア学会創設など，多くの偉業を成し遂げてこられた。

　多分野において実務に関わられたことから，広範囲に及ぶ多くの方々との接点をおもちで，人望が厚く，学校用家具の規格化を含む多くの研究には，故人の大内一雄先生や寺門弘道先生，そして梶田尚令氏ら（注）を中心とする多くの協力者を育てられ，これらの方々によるサポートのもとで今日の学校用家具の規格並びにインテリアの人間工学を学問として築き上げてこられた。

　東京高等工芸学校，京都帝国大学農学部林学科を卒業され，職歴は日本楽器製造株式会社，京都府立大学，千葉大学工学部工学部長，千葉大学名誉教授，千葉工業大学教授・理事などを歴任され，2009年，千葉工業大学を退かれた。

　これまでの著書数は，数多く，「法隆寺を支えた木」「日本人と木の文化」「もうひとりのデザイナー」「建築・室内・人間工学」「人間工学からの発想」「インテリア大事典」「インテリアの人間工学」「The Building of Horyu-ji」など多くの名著を執筆されている。

　小原先生が学校づくり環境の一環として，学校用家具と人間工学に取り組まれてきた背景については，千葉大学の卒業生が小原先生の卆寿記念として出版された「いま，わたしは―千葉大学建築学科小原研究室と57人の歩み―」（小原二郎先生卆寿記念誌出版委員会）の一読をお薦めする。

　2016年5月，小原二郎先生は99歳でご逝去された。長年にわたるご業績並びに教育者としての姿勢に対し，深甚なる敬意を表しますとともに，心からご冥福をお祈り申し上げます。

注）大内一雄先生：日本大学→千葉工業大学：学習形態の変容に対応した学校用家具の寸法に関する基礎的研究。寺門弘道先生：千葉大学。専門：人間工学。梶田尚令氏：梶田尚令の創った道：千葉大学（松坂屋設計室）。デザイナーとして教育環境に情熱をかけたプランナー。

第5章　オープンスクールの揺籃期から試行期へ

杉森　格 〈すぎもり いたる〉
※人物紹介は117ページ

●講演日：2006（平成18）年11月24日

　田中・西野（建築事務所）の信越支店にいた頃は，学校統合[1]というのが盛んでした。いくつかの小さい学校を市町村合併を機に統合する。そうすると学校を全部建て替えないといけない。お互いに自分のほうに引き合いをするから，両方の学校とまったく別のところに新しく学校を建てることになる。建築家としてはこんなにいいチャンスはなかったわけです。

　ちょうど私が事務所の信越支店の担当になって，長野県でいくつも新しい学校を設計することになった。学校を設計するのは初めてだったので，それまでは七戸城南小学校[2]や宮前小学校[3]を見て，なるほど，新しいやり方があるもんだと感心をしているだけだったのですが，やっと機会を得たもんですから，非常に意欲をもって設計しました。

　信州は教育県とはいわれているけども，建築に関してはわりに保守的なところでしたから，まったくやり方が違うというので評判になって，相当な数の学校を設計しました。

　その時には主に，教室の質をいかに高めるかを考えました。それで教室に廊下部分を取り込んでしまう。そして，そこをワークスペース[4]と呼んで流しを置いたり，収納を置いたりして，豊かな教室にするということに主眼を置きました。そうすると，どっちかというと孤立型[5]といいますか，それを一所懸命つくっていたわけです。廊下から切り離して，教室を両面採光にする。当時は電灯も何もないので外光

1　昭和30年代に都市部に人口が移動したため，地方では児童生徒数が大幅に減少する地域が出てきた。小規模化した学校の統合を当時，国が市町村合併と合わせて推進した。

2　第2章を参照。

3　第2章を参照。

4　序章を参照。

で明るさを採るということですね。あとは廊下の騒音を遮断するとか，私はどっちかというとオープンじゃなくてクローズドの教室の計画に精を出していました。

オープンスクールへ

あちこちでオープンの話を聞くようになり，最初に沼津に加藤学園[6]という私立の学校ができまして，これは東大の槇先生[7]がアメリカから帰って来られてからの第一作で，私はショックでした。そのうちに建築学会の長倉康彦さんとかがオープンの話をしておられた。それは私がやってきたことと反対なので，当時，文部省で施設指導課長をやっておられた栗山幸三さんという大先輩にオープンスペースってそんなにいいんですかと聞いたら，「杉森さん，これを読んでみなさい」と言って，スタンフォード大学の「メモランダム・フォー・オープンスクールズ」だったか，オープンスペースの研究書を3冊渡されました。

その第一作が大変要を得ておりました。アメリカで最近流行っている新しい学校のうち，オープンな学校の比率がいかに高いかの話に始まって，単に今までのような一斉授業だと，どうしても生徒は先生の話を聞く，次は何もすることがなくて，先生が次に移るのを待つのがほとんどで，まったく受動的であるという内容でした。それに対してオープンな学校ではチームティーチング[8]といって2人の先生がいて，生徒も自分のやりたい学習内容に席を移す。それだと生徒が自分でやることを計画し，考え，成果をまとめるという学習効果があるんだということでした。これを読んで，なるほど，いかに包括的な空間を作るかを早く考えなくちゃいけないと思いました。でも学校では片廊下ばかりですから，なかなか取り入れられない。

私自身にとってのオープン化の第一作は，石浜西保育園（1974（昭和49）年）（図1）です。東浦町[9]は名古屋の近郊で，宅地造成が急激に進んで人口がどんどん増えて，学校を新築しなくてはいけない。私が信州で作った学校を町の幹部の方が見

5　教室回りに流し台や書架などを設置し，日常の学習・生活を完結する方法。一般的には「総合教室型」と呼ぶが，この講演で杉森は「孤立型」と呼んでいた。

6　序章，第1章，第2章参照。

7　第2章を参照。

8　第2章を参照。

て驚き，東浦の学校はそういうのはないからいっぺんやらせてみようということだったようです。唯一の条件は中庭を作ってくれというものでした。私の設計の特徴は回廊で囲まれた中庭にある。あとはもう，今までの東浦のやり方をまねる必要はない，フリーにやってくれということでした。そこで，思いきって中庭は水が漲れるようにして，夏はそこを池として遊べるようにしました。間仕切りをなくして，廊下側はすべてカーテンと棚だけで仕切る形です。

　私は町の幹部の人に，「そのうちすぐに廊下も自分の部屋のように使うようになるよ」と言って，1か月半ほどたって見に行ってみたら，全部言った通りになっていました。廊下は部屋に取り込まれて，町の人が驚いたのは，そこをいろんなお客が参観で通っても，子供は全然それを気にしていない。孤立型の教室に，子供を押し込めないと気が散るという恐れはないということが分かりました。これが完成した頃にはレポートの翻訳も終わって，いよいよオープンスクールに本格的に取り組もうと思いました。

　ここで一つ取り入れたのは，昔の保育園は床がみんなフローリングだったのですが，ホールをカーペットにしたことです。それなら転んでも大丈夫だろうと。教室は分からないのでビニールシートのままにしたのですが，これが大変好評だった。

　町の人の信頼が得られて，二番目は緒川保育園（1975（昭和50）年）（**図2**）を設計しました。これも廊下側はカーテンで間仕切りし，保育室と保育室の間の壁も

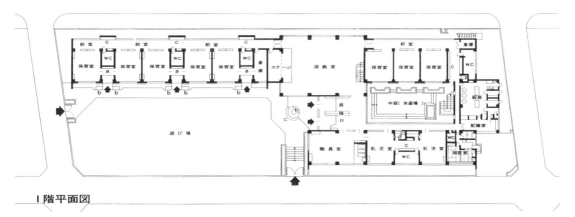

図1　石浜西保育園

9　オープンスクール揺籃期に，積極的にオープン教育，オープン型の学校建築を導入した自治体。緒川小学校はその代表例。

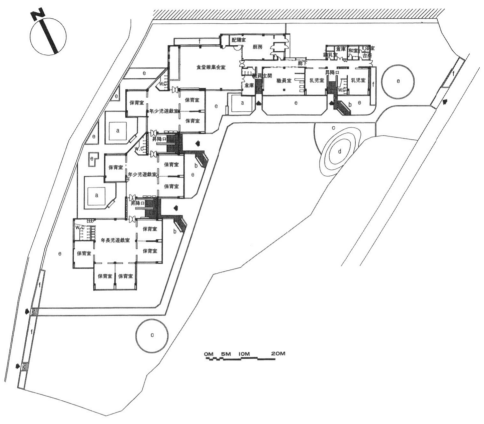

図2 緒川保育園

ガラガラと引き込めるようにしてオープンにしました。それが囲むようになっている遊戯室もフローリングにする必要がないということで、すべてカーペットに踏み切ることができた。一つだけ、食堂はホールとしても使うけど、給食はこぼしたりする恐れもあるからビニールシート、という解決をしました。

　これとほとんど並行していた仕事が長野県の筑北中学校（1975（昭和50）年，長野県麻績村）です。巨大な吹き抜けを作って、これを私はリソースセンター、要するに図書資料が置いてある、学習もできるスペースにしたわけです。これが見事に当たりまして、リソースセンターの広いところを使って、たしか最初は数学だったと思いますが、チームティーチングが行われるようになりました。この時も間仕切りは特別で高価なものは使わない。オフィス用の90cmのスチールのパネルを使うということで、経済的にもなんとか効率のよいお金の使い方をしたわけです。筑北中がある麻績村でもだいぶ設計をやって定評がありましたので、信頼もあった。先

第5章 オープンスクールの揺籃期から試行期へ | 111

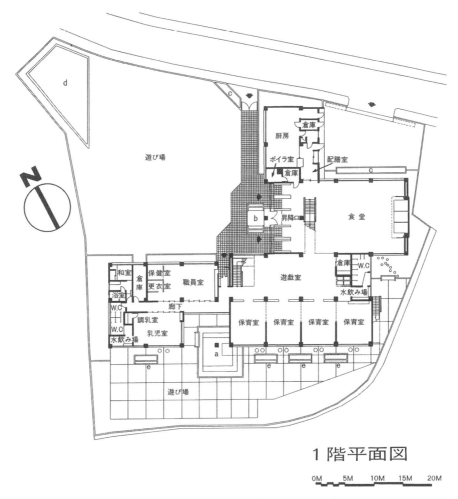

1階平面図

0M　5M　10M　15M　20M

a＝プール　b＝足洗い場　c＝植込み　d＝砂場　e＝ベンチ

図3　森岡西保育園

生方はもちろん見たこともないような学校だと言いましたが，村の幹部が彼の言うことだからやってみよう，ということで実現したのです。

　その次に東浦町の森岡西保育園（1975（昭和50）年）にまいります（図3）。1・2階が吹き抜けになっておりまして，食堂だけはこぼしてもいいようにビニールシート，他はカーペットになっております。平面としては，いわゆる廊下拡張型[10]

10　「廊下拡張型」は，教室の前の廊下を広げた形で多目的スペースを設ける型。

といいますか,廊下をふくらませてオープンスペースを作りました。そういうテストをだんだん経て,相当大きいものを作ることになったのが,東浦町立の北部中学校（1976（昭和51）年）（図4）です。

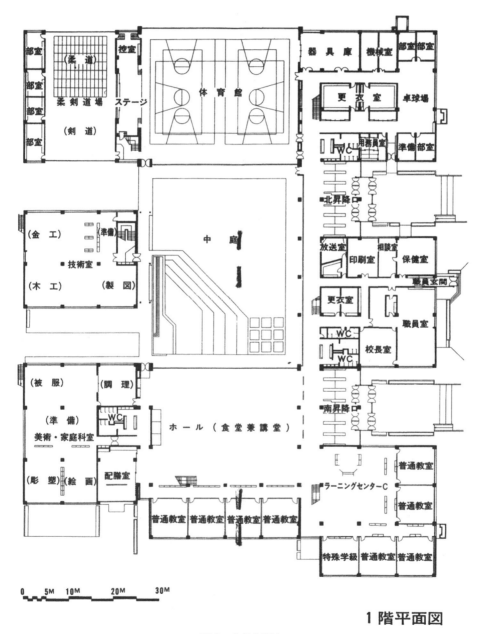

図4　北部中学校

完全な四角の，教室に囲まれたオープンスペースです。中庭があって北に体育館，南に食堂がある，四角いブロックを重ねたプランです。食堂は鉄骨造で，ここで全校900人が一斉に食事をする。ここも間仕切りは全部オフィス用のものです。ただし，オフィス用は欄間だけが開くもんですから，通風に難があることが分かりました。

緒川小学校

その次が，東浦町立緒川小学校（1978（昭和53）年）（図5，6）です。廊下側もいつでも撤去できるオフィス用の間仕切り。ここにラーニングセンター[11]という，各学年毎の学習スペースというかオープンスペースがあります。間仕切りはいつでも撤去したり，半スパンでも仕切れるようになっています。

そうすると，壁についている時計はどうするとか，スピーカーはどうするとか，いろいろな問題が出てきます。そういうのはみんな柱に付けて壁がなくなっても大丈夫なようにしました。黒板灯は天井からぶら下げたのでは，間仕切りがどこかに

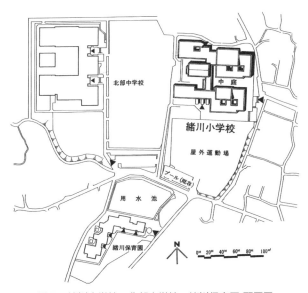

図5　緒川小学校・北部中学校・緒川保育園 配置図

11　ここでは，各学年に約2教室分のオープンスペース。テーブルや教材棚，可動間仕切りなどを設置し，個別学習，グループ学習などの多様な学習展開を可能にする。

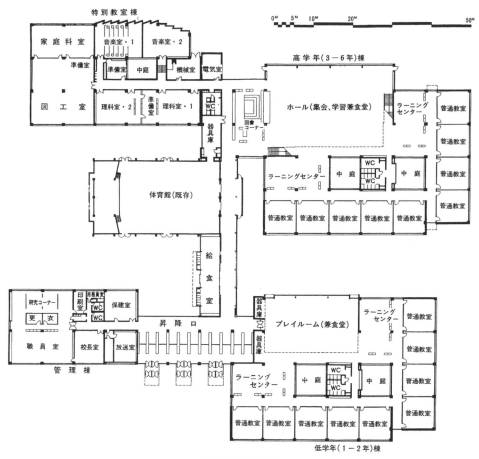

図6　緒川小学校

移動したら困っちゃうので，すべて壁からアームで出るものにして解決しました。既存の体育館があるんですが，補助がまだ切れていないので残さないとならない。これは将棋でいうと角を打ち込まれたようなもので，これを巧みに避けて中庭を作る。

　隣に緒川保育園と先ほどの北部中学校がある。だからここの保育園に入った子供は，12年間，私の設計した建物で卒業することになります。これで私は，ここまで建築としてできると思ったわけです。

　ここまでやってきて，最後にたどり着いたというとおかしいですが，それが東浦町立卯ノ里小学校（1979（昭和54）年）（図7）になります。いろいろな間仕切りを付けたり，動かしたりすることを考えると，本来は大スパン[12]がいいんだという

ことが分かりました。そこで初めて，鉄骨造で18.2mの大スパンにしました。

　当時は文部省の補助基準として，鉄骨造は安建築ということで坪単価が少ししか助成されない。それを耐火にすれば鉄筋コンクリートと同じとするというのがありまして，柱はすべてケイ酸カルシウム板で被覆し[13]，梁は吹き付けのロックウール[14]の1時間耐火にしました。18.2mスパンは相当いろいろなことができました。廊下に相当するところに資料棚を置く。トイレは完全に囲われたコアにする。水を使う作業をオープンスペースでできないものですから，ウェットコーナーで水を使う作業ができるようにした。中央は壮大なる食堂兼オープンスペースという形にしまし

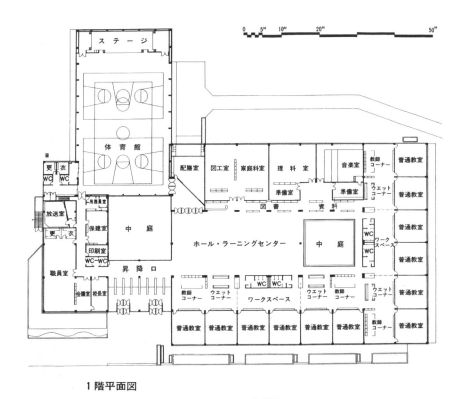

1階平面図

図7　卯ノ里小学校

12　スパンは柱間寸法のこと。一般的な建築物で18.2mは柱の間隔としてはかなり大きく，広い無柱空間ができる。

13　軽量の耐火性に優れた建材。

14　人造鉱物繊維で，建築では断熱材として広く用いられる。

た。

　最初の石浜西保育園が1974（昭和49）年ですから，4，5年でここまで来ました。幸いにも東浦町が子供の急増で学校を新築しなければなりませんでしたから，いろんなことを試みてワンステップずつ新しいことを実現するチャンスに恵まれたのは，私にとってはラッキーだったと思っています。

　このロングスパン鉄骨造は2階建，3階建も平気ですから，もっとできると思っていましたが，その後，東浦町で工事がなくなってしまいました。そのうちに文部省で，私や諸先生方が設計した学校を見て，皆さんご存じの多目的スペースの補助を制度化したわけです。そうすると，どうしても廊下拡張型が一番やりやすいんですね。制度化されて私もいくつもオープンスペースの学校をやりましたが，ほとんどが廊下拡張型でした。そういう意味では逆にパターン化してしまって，私としてはそこで一段落してしまったように思っております。廊下拡張型だけで作ると，非常に単純な，床も天井も平らで面白くないものになりやすい。ここで一応の完成を見て，パターン化してしまったというのが私の見方です。

　民間の設計事務所ですと，1回失敗すると近隣に全部その噂が行って，次の仕事を取れなくなる。失敗は許されないということで，一足飛びではなく，こういうふうにステップ・バイ・ステップでやってきました。そうしてだんだんと知識がついて，こつこつとやってきたというのが最終的な私の印象です。

●人物紹介　杉森 格〈すぎもり いたる〉

柴田啓史郎（瑞木工房柴田設計室）　1969～2001年　田中・西野設計事務所勤務，学校建築の設計に参加

　杉森格は1953年に東京大学を卒業し，郵政省建築部に勤務され1962年から高校・大学・郵政省の建築部の先輩であり同郷の西野範夫の事務所でパートナーとなった。

　2008年に逝去したが，田中・西野事務所では主に信越支店を担当し，公共建築を中心に，木造からの建て替え，学校統合など学校建築の設計を多く行った。信越地方での設計には，故郷の福井県の自分の育った体験から，明るく，暖かい冬場の屋内空間の充実を実現するという，自分の理想に近づける設計をしたいと常々考えていると話していた。

　当時の長野県では，地方の市町村の仕事が多く，地域のシンボルとなるような建築であるとともに，低コストが要求されていた。設計の多くは自治体のコンペで，地元設計事務所との競合のなか，外から参加した設計者が，建築の質の向上とともに，どのように提案すれば受け入れられるかが杉森の悩みであった。そのような環境の中で，寒冷地対応のディテールの開発，学校生活環境の向上を目指し，教室の面積の確保，機能環境のレベルアップ，建築部品の性能向上など事務所独自の標準化を図った。結果的には，現状の教育システムの中で，改良を加えるためのスタディが，次なるオープンスクール（教育方法の多様化に対応する学習空間）に至るまでの設計の取り組みとしてつながっていった。

　以下，当時の設計の考え方と作品のリストが，実務設計者としての杉森格の考え方を表しているように思われるので，代表的な学校建築の作品を挙げた。

A）学校生活環境のレベルアップを目指した計画
同年齢の生徒の学習環境を大切にして，教室を学年単位にした通り抜けのない間取りとし，廊下を生活空間として活用した。また，教室面積を当時の基準の1.5倍を目標にし，両面採光など開口部を多くして明るい教室とした。

大町市立仁科台中学校，穂高町立穂高南小学校，安曇村立安曇小中学校，三郷村立三郷小学校，麻績村立麻績小学校，小諸市立坂の上小学校，大町市立大町北小学校，明科町立明科中学校

B）学校生活の中心となる空間を設定した計画
学習環境のまとまりを重視して，通り抜けのない学年単位の教室とし，校内活動のコアとして食堂プレイルームなど大きな空間を設け，多目的な学習空間とした。

梓川村立梓川小学校，岡谷市立川岸小学校，大町市立大町東小学校，塩尻市立宗賀小学校

C）寒冷地の学校生活の多目的な活動を想定した計画
体育館を学校の中心にして，体育専用部分と廊下の仕切りをなくし校舎全体の面積を活用し，体育館を日常の学習空間とした。

岡谷市立上の原小学校，長門町立長門小学校，麻績村坂井村学校組合立筑北中学校

D）これからの教育方法の多様化に対応できる学校建築としての計画
オープンスクールの概念を踏まえ，それまでの教室中心の計画を見直し，学校全体を学習空間とすることを目標にすえた。そのためには，以前からの試みに加え，間仕切りなどを変更可能なシステムにすること，教室の照明コンセントなどの設備についても分割，合併に対応できるようにすることなどを試みた。また，図書室をやめ，校内の中心を資料学習センターにするなど従来の教科にこだわらない学習空間を提案することなどを試みた。

東浦町立北部中学校，東浦町立緒川小学校，東浦町立卯ノ里小学校，池田町立会染小学校，八千代市立萱田中学校，つくば市立二ノ宮小学校，千葉市立扇田小学校

第6章　学校建築の作品をふり返る

穂積　信夫 〈ほづみ のぶお〉
※人物紹介は136ページ

●講演日：2009（平成21）年2月26日

　建築計画学者の方々にお話するのは気がひけるのですけども，設計をなさる建築家の仲間として話をさせていただこうと思います。

　いざ設計をしようとすると，自分の生涯の記憶の中で良いものや美しい印象が走馬灯のように出てきて，それを形にしていくというような段階があります。だから見たことも聞いたこともないような形はなかなか出てこない。どこかその根底には，自分が良いと思ったこと，美しいと思った景色などの記憶があります。20代までに見てきた時代の有様も影響しています。そういうわけで，私がどんな時代を生きてきたかというところから話をしていきます。

昭和という時代

　私は1927（昭和2）年に生まれました。1927（昭和2）年は面白い年でした。もちろん生まれたばかりの私が分かるわけもありません。しかし今から考えると，1927（昭和2）年は日本の近代化の幕開けの年だったように思うのです。建築でいうと，その前の年にバウハウス[1]ができてるんですね。私が生まれた年にはヴァイセンホーフのジードルング[2]が竣工したんです。そういうニュースが日本に届くから，建築家たちはさぞ興奮したと思う。つまり，日本の建築家が近代建築に憧れをもったのが昭和の初めだったと思われるんです。ところがしばらくするうちに日支

1　バウハウス（Bauhaus）はドイツ語で「建築の家」を意味する。1919年，ドイツ・ヴァイマールに設立され，建築・美術・工芸・写真・デザインなど総合的な教育を行った学校である。1933年，ナチスに閉校されるまでの14年間，合理主義的・機能主義的で実験的な試み・表現方法は，モダニズム建築の始原とされる。

2　1927年，シュツットガルトに，ドイツ工作連盟が企画した住居展で建設された33棟のモデル住宅群住宅団地。ジードルング（Siedlung）とはドイツ語で集落を意味する。

事変が起こり，とうとう昭和の中頃になると第二次大戦に突入して4年ほど戦っているうちに負けてしまう。そういう惨憺たる姿を私は10代の子供のときに見ていたわけです。

　私は軍国主義の教育を受けて，小学校，中学校を育ちましたが，高等学校に入った翌年に敗戦。そうすると軍国主義だった大人たちが，明日からは民主主義などと言い出すんです。

建築を目指して

　そんなわけで私の世代は，「主義」と聞くと信じられない。だから機能主義[3]と聞くととても嫌な感じがします。だけど建築科に入るとその頃，全盛を誇ったのは合理主義と機能主義だったんですよ。私は合理というのはとっても大事だと思うし，機能も大切だと思うけど，それを機能主義と言われると，これは眉唾だという感じを受けた。そういう世代であります。

　しかし，たまたま早稲田に入ったために，機能主義を強調されなかったのはありがたかった。今井兼次先生[4]，吉阪隆正先生[5]，安東勝男先生[6]が設計の恩師ですが，今井先生は機能主義よりももう少し前の世代ですから，建築を作る喜びとか愛情とか，作る職人の尊さとかいうようなことをお話しになる。建築計画の最初の講義はエストベリのストックホルム市庁舎[7]の話から始まる。つまり今井先生が教壇に立たれると，その時間は今ふうに言うとプロジェクトXのような物語になってしまうんです。建築や職人への愛情物語です。

3　いずれも近代建築（モダニズム建築）の原理。建物はその用途・目的に基づいて設計されるべきであるとの主張。

4　**今井兼次**（いまいけんじ，1895-1987）　建築家。早稲田大学理工学部建築学科の教授を長く勤め，バウハウスなどモダニズム建築やアントニ・ガウディの作品を日本に紹介した。代表作に，早稲田大学会津八一記念博物館，早稲田大学坪内博士記念演劇博物館，日本二十六聖人記念館などがある。

5　**吉阪隆正**（よしざかたかまさ，1917-1980）　日本を代表する建築家の一人。代表作に日仏会館，アテネフランセ，大学セミナーハウスなど。ル・コルビュジェに師事した。ル・コルビュジェの設計の国立西洋美術館では，吉阪は前川國男，坂倉準三（3人ともコルビュジェの弟子）と共に実施設計・監理に協力し完成させた。

6　**安東勝男**（あんどうかつお，1917-1988）　建築家。設計活動の傍ら，長く早稲田大学の建築学科で教鞭を執る。代表作に早稲田大学大久保キャンパス，真野小学校，浅間小学校他多数。

吉阪先生も計画学を講義されましたが，これは計画学とはほど遠いある種の世界観を教えられる。人間はどう生きるかということを厳しく指導されて，建築なんか二の次になっちゃって，まず人間形成を叩き込まれる。安東先生だけは一番若いせいもあって，自分でも素朴機能主義だとおっしゃっていた。徹底的な合理主義ですが，しかしただの合理主義ではなく，結果は美しくなければいけない。どんなに予算が厳しくても，頓知で小粋なモノをつくるというようなことを教えていただきました。

　大学を卒業すると，留学をしてからサーリネン事務所[8]に1年勤めました。サーリネン事務所で多くの人が驚くのは，事務所で展開されている6つぐらいの設計が，どれもまったく形が違うことです。GMの研究所[9]で成功したのに，ディアカンパニーの本社屋になると，テーマも形も違うことに挑戦しています[10]。

　同じ時期に機能主義的合理主義でやってたのがスキッドモア[11]でしたが，こちらは事務所の典型を徹底的に追求していました。ですから，コカコーラの本社だろうがUSスティールの本社だろうが，同じ本社事務所だったらこれが快適なワーキングスペースという答えをもっているわけです。それを適用するから保険会社でも食品会社でも本社屋とくれば，大体同じようなものになりました。

7　建築家ラグナル・エストベリの設計により，1923年に竣工した。ノーベル賞の記念晩餐会が行われる場所であり，晩餐会が行われる青の間，パーティが行われる黄金の間が有名である。北欧建築の傑作としても知られる。

8　フィンランド人で，アメリカに移住した建築家エリエル・サーリネン（Elien Saarinen, 1873-1950）とエーロ・サーリネン（Eero Saarinen, 1910-1961）父子の設計事務所。代表作に，コンクリート・シェル構造による曲面をいかしたジョン・F・ケネディ国際空港TWAターミナルビル，巨大なアーチ構造のセントルイス・ゲートウェイ・アーチなど。

9　ゼネラルモーターズの技術研究所（1955）は，エーロ・サーリネンにより設計された。高速で走る自動車からの視線を考慮した横長の形態を持つ部分と，コンクリート・シェル構造を用いた曲面部分が特徴的。

10　構造体，ルーバー，カーテンウォールなど，建築の内外の表面に赤錆が生まれるコルテン鋼を使用している。

11　スキッドモア・オーウィングズ・アンド・メリル（Skidmore, Owings & Merrill，略称SOM）は，1936年にシカゴで設立されたアメリカ最大級の建築設計事務所。特に超高層ビルに佳作が多く，鉄とガラスからなる箱状の「インターナショナル・スタイル」と呼ばれるモダニズム建築様式を世界中に広めることに貢献した。

これがサーリネン事務所となると，ゼネラルモーターズであんなにすっきりしたものを作っていたのに，ディアカンパニーとなると今度は錆びた鉄を使うと言い出したりする。ディアカンパニーは農民を相手とするトラクターを作る本社だから，都会の保険会社みたいにアルミとガラスでキラッとしたもので良いのか，というような言い方で，その大地に根ざすようなものがテーマになるんです。そこで私は，1作ごとにその中の真髄と思われるところにむしゃぶりついて，それを強調して，建築を作ることを学んだんです。

もし私が徹底した機能主義の教育を受けていたなら，私は事務所を出たでしょう。こんなものは近代建築じゃないと思ったでしょう。事実アメリカの中でも評論家は皆サーリネンをけなしたんですよ。これは近代建築じゃないんだと。だけど私には理解ができた。これは今井先生の再来である。1作ごとに情熱をもって，その中心に迫る。次に吉阪先生の宇宙を駆け巡るような思考で，どこにヒントがあるかは常識を洗い落として見つける。そして作る過程はまことに緻密で合理的だから，そこでは安東先生の一品も無駄にするな，どこまでも突き詰めて極限まで切り詰めろという言葉を思い出す。サーリネンの考えが分かるように思えて，これだこれだと思って帰ってきたんですね。

学校を作る

だから私は中学校の仕事をいただいたときに，中学校という学校建築の典型例を作ろうというよりも，この学校で何が大事なのかということに気が向いちゃうんです。これから2つの学校の話をしますが，それぞれどんなテーマを中心に展開したか，それは独りよがりではなかったか，それは本当に良かったか，何が良くなかったか，という話をさせていただきます。前に申したように，どの作品も白紙から私が考え出したわけではない。設計とはそんなもんじゃない。何か課題がくると，こうしよう，ああしようと思うそばから頭の中がフル回転して，イタリアの街であれは良かったとか，ミース[12]のあのスペースは気品があったとか，いろんなものが頭の中をめぐる。そっくりその形をいただくわけではありませんが，あそこが僕は好

---

12 ルートヴィヒ・ミース・ファン・デル・ローエ（Ludwig Mies van der Rohe, 1886-1969） 20世紀のモダニズム建築を代表する建築家。ル・コルビュジェ，フランク・ロイド・ライトと共に，近代建築の三大巨匠と位置づけられる。「Less is more.（より少ないことは，より豊かなこと）」「ユニヴァーサル・スペース」など，近代建築のコンセプトを確立した。

きだというようなものが発想の発端にあります。

田野畑中学校[13]の計画

　初めの田野畑の中学校は今から36年前の仕事です。その頃の公立学校は，特に地方は統合化というのが文部省の方針でした。小さい分校はまとめて一つにする。地方の木造校舎はやめて鉄筋化する。そのために補助金を出す。そういう文部省の方針で全国，統合中学校が生まれていた年でした。

　私は，早稲田に縁のあった田野畑村の村長から呼び出されて話をうかがったときに，一つのヒントが村長の言葉の中にありました。「統合化っていうのを嫌々やらされるところもあるけれど，私はそれをもっとプラスに考えたい」。

　統合したからこそできることって何だろう。この田野畑村は三陸海岸の漁村が海辺にあって，そこから100m上がった陸中の大地の上に農業と牧畜があるんです。人口は5,000人くらいの貧しい村ですけど面積は東京都くらいあって広い。で，村長がこういうことを言いました。

　「山の上の，農業やってる子供たちと，漁村の子供たちとは付き合いがないんだよ。生活パターン，生活信条が違う。ひどい話だけれども，漁村の娘は上の農村の所へ嫁に行かないんだ。何かを作ろうとして議会に諮ると，両方の議員がそれは漁村のほうに，いやこれは山のほうにというふうに喧嘩ばかりしててね。この田野畑村が統合して大きくなったと言っても二派がまったく別々だ。だから統合を機会に，3年間の中学校の間にくっちゃくちゃに混ぜて，両者の子供たちをお互い知り合わせたい。それが大きくなって両方が議員になっても，おお，久しぶり，みたいな仲になって，話し合って，皆で田野畑村をどうするかっていうことを議論してもらえるだろう」。

　私はそこをヒントにものを作りたい。そのとき頭に浮かんだのは，人が触れ合うイタリアの広場みたいなものです。一番安上がりなのは真ん中の広場を取り囲むように建物を作ればよい。けれども，寒い三陸ですから雪が積もって外に出ていられないわけですよ。そこで屋根付き広場を中心に置く。その屋根付き広場に接するように教室を作る。接するという言葉どおり，吹き抜けの広場の周りにぎゅっと集め

13　岩手県下閉伊郡田野畑村の中学校。学校は2009（平成21）年に穂積信夫設計の校舎から新校舎に移っている。

田野畑中学校　外観（写真：新建築）

田野畑中学校　多目的オープンスペース（文中の「広場」（写真：新建築））

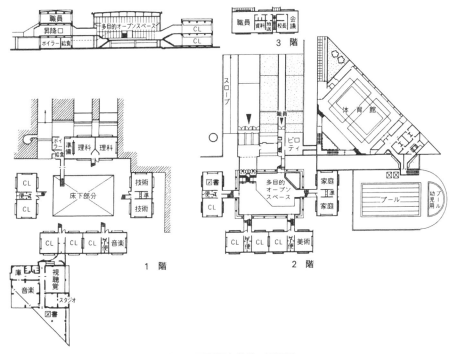

図1　田野畑中学校　平面図
(出典：「コンパクト建築設計資料集成」丸善，1986)

たプランがアメリカにはあります[14]。けれども，それは全館空調だからできるのです。

　田野畑中学校（図1）では，4棟の教室棟を広場から切り離したために教室は二面採光・通風ができました。教室は二面採光・通風にしろというのは安東先生から厳しくしつけられた教えでした。

　ですが，失敗したこともお話ししなきゃならない。まず第一に120坪くらいの広場ですけれども，それを交通の中心に置いたためによどみがなかった。だからわいわい遊ぶ昼休みはよいけれど，私が意図した，山の子と海の子が仲良くなって数人で語り合うようなよどみがないんですよ。

　人が数人でたむろして落ち着く場所っていうのはどんなところだろうか。隠れ家のようなもの。よどみのようなところ。凹み，それから巣みたいなものをプランでは一体どうやって作るのか。今ならやりたいテーマです。だけどもこの時にはそこ

14　第1章，第2章参照。

まで踏み込まなかった。したがって，通過はするけれども，落ち着いて話す場所がなかった。

　長倉先生がオープンスクールという話を始められたのがこれの2年くらい前でした。教室の壁を取ってチームティーチングというようなこともおっしゃっていました。私もそういうことをやりたいと思って，この真ん中の広場で何個かのチームが広がって自由研究をやるとか，2クラス，3クラスが出てきてチームティーチングをやるとかいうような場に使うと良いなと思って，交通の場所とそれとを分けるために1段上げて，木造の床に床暖房までして暖炉をつけたんです。夕方になったら火をいれて，先生に宮沢賢治の話の一つでもしてもらえると良いなということを書き残していったんです。

計画と実践をふり返って

　ですが，先生方がのってこなかった。私のほうの失敗なんだけれども。地方の公立の先生は4，5年で変わるんですよ。そのために私の思ってた2つのことができなかった。村長は熱心に海の子と山の子の仲良くなる場と言ったけれども，5年くらいで宮古かどこかに行こうと思われる先生は，田野畑村の海の子と山の子の20年後なんかには関心がないのです。毎日の授業が大事なわけですから。それからチームティーチングもだめ。全校集会のような儀礼的なことや合唱や音楽会とかには使っているんですけど，私が思っていたような，長倉先生のお話のようには使ってもらえなかった。

　それからもう一つ，コミュニティーホールとなって村の人にも使えると良いと思ったんですけれども，これがまた学校の先生は地域に開放することを面倒くさがってやってもらえなかった。だから村人はこの校舎を建ててから一度も催し物には使ってないんですよ。先生は5時を過ぎると鍵を閉めたい。夕方から村の人が集まるなんてことはやめてくれ，それは村の公民館でやってもらいたいというような話で，学校開放はついに一度もないから，村民がこの中央ホールで何か集会をしたというようなことはないのです。だからそれも失敗。

　そうこうするうちに，想定外の状況が起こってきました。計画では1学年3クラス，時には4クラスでした。ところが30年もしないうちに子供が減って3分の1になった。だから，各学年3ないし4クラスと言われて設計したものが，全学年で3ないし4クラスになってしまった。この村は人口5,000人で補助金を得て総予算44

億ですから，教育費は多くない。結局，大きい校舎を持ちきれなくなってついに来年（2009年）には取り壊しです。そして新しい校舎を今，作りつつあります。

　校舎を半分にして使えば良いとか使い方はいろいろ考えたいと思ったけれども，かつて村民一体の理想を話された村長は引退して，今は反対派の村長だから，自分の業績として学校を作ると言い出されました。そういうときに村の議員は一人も反対しないわけですよ。村長に迎合しているというより，村人にとっては親しみがないわけですよ。まずモダン過ぎて見慣れない，それから中央ホールは使おうと思っても村で使ったこともない。そんなわけで愛着がなかったのですね。

早稲田高等学院[15]―教科教室型とハウス制の試み

　6年後に早稲田大学の付属高等学校（図2,3）の設計をしました。なぜ早稲田が2つも付属の高等学校を作るのか。付属校は試験なしで全員，早稲田大学に入ってくるのだから受験勉強する必要がない。ならば好きなことに打ち込んで一芸に秀でた人になってもらいたい。そういう企画でした。

　私はまずテーマとして，一芸に秀でる子を育てる場を作るために教科教室型にしました。教科教室は7つありますが，これを7つのお店に見立てる。お店の店主はお客がどんどん入るような魅力のあるお店に仕立ててもらいたい。そういうテーマで，各教科を独立して1軒ずつの家にしました。各棟の間に階段を挟んだり，ちょっと離したりしながら7つの家になっているんです。これはお店ですから表参道とはいかなくても両側にお店を並べた商店街のような配列にしました。

　教科教室にしますと学生が登校して来ても居場所がない。ホームルームがないからその代わり「ハウス」というのをつくろうと思いたったわけです。1クラスは40人。ハウスは60人にした。

　しかし，ここで失敗するんですね。どうして失敗したかというと，ハウスというものを私は何か隠れ場所，昼寝の場所，静かな場所，そして先生の手の及ばない場所というふうに考えたものですから，入口のそばに置きたくなかったのです。それに加えて，3年間で異なった経験をさせたいと思って，1年生は3階の屋根裏部屋と称するところに置き，2年生ハウスは塔状の2棟の2，3階に置いて，3年生は

15　早稲田大学本庄高等学院は，1982年に開校した私立の高等学校である。埼玉県本庄市大久保山（浅見山丘陵）に男子校として設立されたが，2007年4月より男女共学化した。

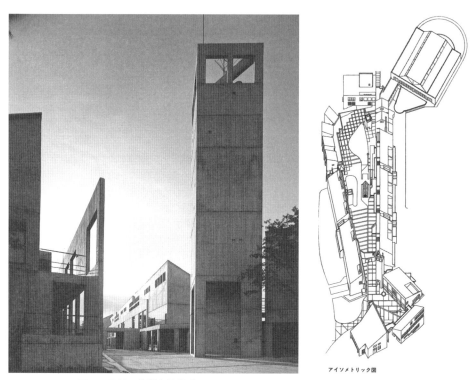

図2　早稲田大学高等学院（写真：古館克明，図：「新建築」1984年1月号）

林越しに見た校舎（写真：古館克明）

第6章　学校建築の作品をふり返る　129

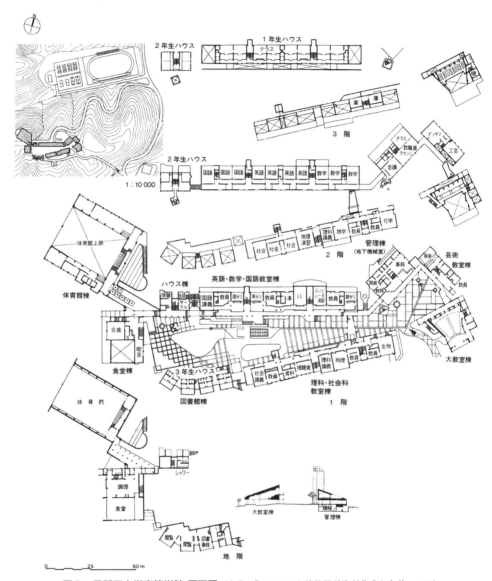

図3　早稲田大学高等学院 平面図（出典：「コンパクト建築設計資料集成」丸善，1986）

　図書室の上にコテージ型に分棟にして，60人ずつの部屋を12室とったんですよ。これも私の思い上がりでうまくいかなかった一つの原因でした。どうして40人のクラスを1クラス毎のホームルームにしなかったか。

　もともとホームルーム的な40人が入るハウスを1室ずつ作っていたならば，それは教室が2倍になるので面積配分上できるわけもない。そこで廊下を減らしたりも

しながら，小さい面積で何とかやりくりしようと思って60人をギュッとまとめたのですね。構想は1年20人，2年20人のように学年縦割り20人ずつ，異年齢集団のハウスです。

なぜかというと，この人たちは全員早稲田大学に入ってきて，どこかの学部にいることになる。それなら自分の学年だけではなく，上下2学年の人たち数人とでも知り合っていれば，建築の子が文学部の3年生と「やあやあ」と知り合い，経済学部の1年生の2,3人と付き合うことができる。そういう関係性をつくる。それが付属校の良いところだと思ったんですよ。

けれども，そう思ったのは私だけで誰も歓迎しなかった。先生方からすると，上級生とごっちゃにすると煙草なんかを吸うのを習ったりしてろくなことがないから，学年は学年でまとめてくれと言ってきた。もう一つは，ハウスなんて企画にはないですから，他の面積からひねり出そうと思っても小さなハウスしかできず，昼寝のできる場所として床暖房を入れたものの，寝たら踏んづけられちゃうような小さなコーナーになった。

そこでしばらくするとたちまちハウスは消滅ですね。分棟のほうのハウスはコテージ型だから部室に使われてしまい，搭状ハウスのほうは，英語で少人数教育がしたいというので，そのゼミ室になってしまった。

ここでもやっぱり，最初の企画にどこか無理，つまり建築家の独りよがりなところがあった。ユーザーの要求にないものを作るとろくなことにはならないという教訓でもあります。

建築家とクライアント，計画の逆風

では，2つとも私のわがままだったのかといえば，そういうわけでもない。最初は共鳴者がいたわけですよ。田野畑の場合は声をかけてくれた村長さんが広い視野をもった人で，こんな小さな村で産業を興そうとしても誘致できないから人が大事だ，100年に一度でも田野畑から首相でも出ればそれでよしとする，などと非常に情熱家であり理想家でしたから気分が高揚しました。そういう指導者や共鳴者がいると設計に熱が入ります。そして思わずやりすぎるところがある。

どうしてやりすぎたかというと，反対の意見を聞かなかったからです。村議会で審議しても，あまりに村長が傑出してるから，村長がこういうふうにすると言うと議員はシーンとしてるわけですよ。何にも言わない。でも，何にも言わないから賛

成かというとそうでもない。この企画に対して愛着がない議員たちがいるわけですよ。村長一人と私が情熱的に打ち合わせをして決めるから設計は早かったですね。反対者がいないからね。私が案を出すと，これで良いって決まるわけです。

　一番まずいのは学校の先生とちゃんとした協議をしていなかったこと。校長と打ち合わせするくらいじゃ駄目で，実際に現場に立つ英語の先生や数学の先生とお話をしていない。こういうふうに使ってくださいという指示書は出したけど，読む前に捨てられたかもしれない。

　もう一つの問題は，教育委員会が絶大な権力をもっていること。私が学校の先生に実情を聞こうとすると，学校の先生と直接交渉していろんなことを聞き出したらきりがないよ，教育委員会の指示に従ってもらわないと困るというわけですね。教育委員会がまとめるんですから，こことだけ接触してくださいと言われた。だけど教育委員会が関心があるのは中央広場でもなければ山の子，浜の子の話でもなくて，一度設計したものは途中で設計変更してくれるな，それから予算と工期はちゃんと守ってくれということなんですね。それだけが要求だとおっしゃる。だからどんな学校ができるかなんてあまり関心がない。きちっと事務手続きができるかということを厳しく指導されました。

　私は初めに，統合の話を言われたときに村長と議論したんです。東京都ぐらいある村に6つの分校があるわけです。それぞれの地域にくっついていて親元から通ってるんですよ。それを引き離して一つにまとめると，その地区から子供の声が消えちゃうじゃないですか。だから統合は反対だった。まるで村民みたいなことを言い出したんですよ。

　「統合しないで先生のほうを機材付きワゴンに乗せて授業ごとに巡回させたら良いじゃないですか」と言ったんだけれど，さっき言ったように村長はもう一つの理想，村民の融和というのがあったものだから押し切られた。教育委員会も私の言うことに耳を貸さない理由は，統合しないと補助金がおりないことです。6つの分校のままだったら補助金もなく，木造を鉄筋化することもできない。実は，補助金が意外と建築の運命を左右しているということが分かってきました。

　今度，小規模校に直す話にしても，新築で申請すると補助金がつく。新しい村長の業績の一つですよね。仕事ができてお金も何億とつく。しかも元の校舎は取り壊しだって言うと，取り壊し費用が文部省からおりるから早く壊したい。補助金が建築の運命を左右しているんですね。だから，保存運動を起こしてもお金にはかなわない。文部省が壊すとお金になるとか，作るとお金になるとかという指導をしてい

るんですから，勝ち目はない。

新しい教育構想

　本庄の場合には，企画委員会というのをつくって各学部から一人ずつ出てきて，新しい付属高校はどうするかっていうことを議論しました。その中に新しい高校の理科の担任になる先生がおられて改新的な意見を述べていた。その一つに，40人クラスだけども5人ずつのチームで授業をやれるようにしたいとおっしゃった。理科の先生ですから，5人ずつグループになって試薬を振るようなことを，理科の授業ではやっているんですよ。それを英語や数学や国語でもやったらどうか。だから5人ずつのチームが成り立つような教室を作ろうとおっしゃって，その時のプランのほうが今の案よりもずっと面白いものができました。その勢いに乗って私は食堂も5人テーブル，それから図書室も5人テーブル，教室も5人コーナーを作った。花びらみたいなものでね。面白いプランをつくったんですよ。だけどさすがにその案は全員の承認にならなかったですね。結局，普通の40人授業体制になりました。

　教科ごとに独立した建物にして，これを7つのお店と言ったように，例えば数学棟の所には数学の先生が店主としているわけですよ。そこの教員室の前にはコーナー，ニッチを作ってあげて，そういうところで数学の先生なら何か難しい数式を貼り出して，君これが解けるかなんてポスターがあって，解けた生徒にはご褒美に鉛筆あげようとか，国語なら難しい文章を貼って，これが読めるか，というのをやって学問が面白くなるようにしたい。もしその学問が面白いと思ったら，先生がいる教員室に生徒を招き入れて話し込み，「君，物理が好きなら理工学部に先生がいるから紹介してやろうか」と言って，大学と連絡をとればいい。

　そう言えば，建築中に1年生が入ってきた最初の年のことでしたが，教室棟ができたところで1年生が入ってきて，彼らは私たちがヘルメット被って跳び歩いているのを見て一緒になって跳び歩き，コンクリートをつっついたり，叩いたりして，それができて仮枠を外すのを見ているわけですから，建築には興味をもちましたね。実物教育です。だから，1期生から建築を選んだ人は多かったですね。そして，今でもいろんな設計分野で活躍している人がいます。

　設計は細かい所にも気をつかいました。配置計画では2列の建物群をちょっと斜めにして，遠近感的に距離感を出しました。教室はどちらの棟も外側に向いています。教室を内側に向けると，夕方からは中庭が教室の蛍光灯で青白くなります。お

店の並びは白熱灯で照らしたい。そのためには教室は外側に向けて，廊下の側は蛍光灯は点けてない。そして中庭に温室を作って，それを白熱灯で照らし，光のピラミッドにしようと思ったんですけど，生物の先生がそれは余計だってことでなくなってしまいました。

　通学時，下校時に焦点になる位置に給水塔を立てました。その塔にはガラスブロックをランダムに打ち込んで，中に灯りを入れると夜空に星が散るようにしたいと思った。そういうところは，ストックホルム市庁舎の建設のときに，建築家も一緒に足場に上がって煉瓦を打ち込みながら，ここをこう凹ますと，夕陽が当たったときに月の形になるんだよと言って職人に話しかけていたという，今井先生のプロジェクトXのお話が影響しています。

利用者参加型計画

　ところが，私の失敗を後ろのほうからちゃんと見てる人がいました。それは古谷先生[16]。古谷先生は助手をして，田野畑の増築時も本庄のときも中心になっていた。田野畑の失敗も見てるし，本庄のそういう失敗も見てるから，古谷さんは新案を編み出したわけですよ。私は反面教師になりました。茅野市民館[17]の仕事のときに，彼はこれが市長からの注文なのに，市長を越えて市民に呼びかけて，企画の会をつくったんです。そしてどういうものが作りたいかを聞いて，こういうのがやりたい，それを形にするとこうなりますね，なんて形にして見せる。そういうふうに言いながら彼のやりたいことに近づける。そういうプロセスだから，市民はだんだんとあの建物は俺が考えた，あの入り口は俺が言ったふうになった，と思い込むようになる。市民が建物に愛着をもつようになるのですね。

　もう一つ大事なのは，皆を巻き込んで設計をしておしまいじゃないんですよ。それが実際にどう行われているか。それを毎月のように行って，相談に乗ったり意見

16　**古谷誠章**（ふるやのぶあき，1955-　）　建築家、早稲田大学理工学部教授。建築設計事務所NASCA共同主宰。学校建築の作品には高崎市立桜山小学校，山鹿市立鹿北小学校などがある。

17　茅野市民館は，美術館，図書館，市民館などを含めた地域複合施設で2005年10月に開館した。茅野駅前に建ち，駅利用者も気軽に立ち寄れるよう入り口には図書館が配置され，次いでホール，美術館と奥へ続くよう配置されている。市民と設計者が50回を超えるワークショップを経て設計条件が検討された。

を言ったりしているのです。建築は生き物です。ほっといたら死ぬんですよ。私はそれをほっといたから死んだ。だけどほっとかないのは大変な労力ですよ。田野畑は今でこそ新幹線があるけれども，その頃は行くだけで10時間もかかるような土地だから，毎週行って先生と話したり，村の人と膝を交えてというわけにはいかない。そのために疎遠になっている。そういうのが命取りだってことが分かった。

たとえ話として，建築というのは精魂こめて娘を育ててるようなもので，丈夫で美しく育てと一所懸命育ててるわけです。育つまでに1年間はかかりますよね。そして，お嫁入りするわけですよ。そうすると，今までの機能主義時代の近代建築家の考え方は，こんな良いものをつくったんだから社会は喜ぶべきだ，これで文句あるかってくらいのもんですよ。ところが受け入れるほうは，何か近代建築の変なものができたけど，この広場は何であるんだろうとか，総ガラスは暑くてしょうがないとか，いろんなことを言い出すわけですね。その度にこういうふうに使えば良い，こういうふうにすれば良いと言えば納得するけれども，ほったらかしておくと，ああ近代建築はやっぱり使いにくいとなって取りつぶしですね。

だから，実家の親としてはお嫁入りの先に1年に一度くらいはご挨拶に行って様子をうかがって，娘が幸せに暮らしているか，姑にいじめられてないか生活維持費が足りないんじゃないか，化粧もしないで薄汚れちゃったけれど化粧代ももらってないらしいから，これで直したらとちょっと置いてくる親心がないといけないんです。たくさん設計した人は大変だけど。

建築へのシンパ・目利き

オープンスクールはちゃんと使われているんでしょうかね。この頃，学校の先生も進歩してるからうまくいってるんでしょうね。行ってみないと分からない。使ってないかもしれない。しょっちゅう行くわけにはいかないから，現場の先生に建築が好きな人を一人，2人つくっておくことが必要ですね。

公共建築でうまくいった例を見てみると，だいたい市役所に建築の好きな人がいるんですよ。その例が丹下さん[18]と四国の高松の場合ですね。だから，各市町村，

---

18 **丹下健三**（たんげけんぞう，1913-2005）日本を代表する世界的な建築家。東京大学名誉教授。多くの国家プロジェクトを手がけた，戦後の日本建築界の重鎮。門下生には磯崎新，黒川紀章，槇文彦，谷口吉生らの国際的な建築家がいる。代表的な作品は広島平和記念資料館，香川県庁舎，東京カテドラル聖マリア大聖堂，国立代々木競技場第一・第二体育館，東京都新庁舎など。

行政の中に建築家でもなく，計画者でもない行政官に建築の好きなファンをつくることが日本に良い建築をつくる一つの手だてだと思うんですね。機会あるごとに人材を発掘して仲間に引き入れ，役所の中に建築好きをつくるのが良いでしょう。

　学校建築では，使う先生方に意欲的な方がいるといいですね。だいたい，教育学部に建築を教える授業がないのが良くないと思います。私は早稲田の教育学部に乗り込んで，課外授業をやりました。これから教壇に立つという学生たちは現場の教室の話なんか知らないで出て行くから，与えられた教室が最上のものだと思っています。そうなると，オープンスクールなんか理解しないですね。今の教室を良いと思っているから変えられちゃあたまらない。だから壁を壊されたりしたら，自分の牙城を壊されるわけだから困るわけですよ。新しい学校建築の試みを教えていない。教育理論だけで卒業する。教育学部にも建築の同調者をつくるように，頼まれなくても教育学部で学校建築の講義をするくらいの勢いの建築家がいないと学校は良くならないです。

良い建築とは

　良い建築を創ろうとして，設計にあれだけ情熱を傾ける動機はいったい何なのだろうと考えてみましたが，なかなか一言では言い表せない。そう思っていたら，ある小説家がなぜ小説を書くのかと問われて，「小説家は自分の思想を盛り込みながら文章の中に読者を引きずり込んで読者の心を揺さぶりかける。そのために小説を書くんだ」って言ったんですね。

　私はそれをそのままいただいて，何のために建築を作るんだって言われたら，こう言いたい。建築家が，人はこんなふうに生きたい，こんなふうな気品をもちたい，こんな世界にしたい，と思うことがある。それを一所懸命，形にして見せてその中に住人を引きずり込んで，住人の気持ちに揺さぶりをかける作業なんだ。それが建築の設計なんだ，と言いたい。住む人の心に揺さぶりをかけて，自分の思いのたけを伝えようとする作業，それが設計なんだと。

●人物紹介　穂積　信夫〈ほづみ のぶお〉

古谷　誠章（早稲田大学）　1980年、穂積研究室修了。1983～86年、同研究室助手を務める。

学生とともに実地にたつ建築教育
　初めて穂積先生に接したのは学部2年生のときで、住宅設計課題の指導をしていただきました。あの頃の早稲田には、武基雄、吉阪隆正、安藤勝男、池原義郎、穂積信夫の計5人もの実践的建築家がおり、それがごく当然のことと思っていました。他の大学に勤めて、それは当時むしろ例外的だと気づいた次第です。
　その住宅課題で初回に出したお粗末なスケッチに、穂積先生から「こんな平面の住宅は難しいよ、でもこのタッチを描く人ならできるかもね」と言われ、その後はろくにエスキスの相談もしない不謹慎な学生だったにもかかわらず、A+参考図の評価をくださったのです。私はこれで俄然スイッチが入り、今の自分があるのも、まさにこの出会いがあったればこそだと思います。先生は建築家であると同時に、根っからの教育者でした。穂積研究室の出身者には、数多くの建築家や教授陣がきら星のごとく並んでいます。
　3年生になると設計製図ではオフィスの課題を、講義でもミースを始めとするアメリカの現代の事務所ビルを取り上げ、ご自身の留学やエーロ・サーリネン事務所での経験を楽しそうに話されました。これに並行して設計実習も持たれ、住宅課題を中心に隔週ごとに作品を提出しました。1年間これについて来られるか否かで、デザインに進むかどうかが分かれてしまう、早稲田名物の短期の設計課題です。
　その後いよいよ大学院に進学すると、ここではもう架空の課題などではなくて、先生の本庄高等学院の設計をお手伝いしました。これが私にとっては第二のターニングポイントで、結局そのまま修士修了後6年間、研究室での実施設計を担当することとなりました。高等学院以外に大学図書館の本庄分館、田野畑村の中学校特別教室、体育館、集会ホール、民俗資料館などです。設計はすべて研究室で行い、歴代の大学院生が手伝いました。今日風に言えばまさにPBLで、これに勝る実践的な教育はありません。しかも他大学などの研究室と比べると良くも悪くも家庭的で、敷地調査には奥様手作りのおかずとおにぎりをたくさん持って来られました。あえて「悪しくも」と書くのは、研究室で先生がしばしばコーヒーを入れてくださるばかりか、ふと気づくとカップまで洗っておられて、誠に恥じ入るばかりです。そんな時の先生の台詞が「いいの、いいの、君たちは忙しいから、そんなことしてる場合じゃないでしょ」という有様でした。
　実践的なプロジェクトで身近に先生に触れてから、建築家としてのその人となりを深く知ることとなります。師匠であるサーリネン譲りのチャレンジ精神（早稲田大学の進取の精神ともいえる）と、教室の師匠として慕っておられた安藤勝男先生の「素朴機能主義」に、天下一品のユーモアを加えて、独特の人間味溢れる穂積デザインを生みだされました。本庄高等学院の設計中に、我々が直線的な校舎のプランを描いていたら、ある休日明けに突如として先生は、それをジグザグに折り曲げたようなスケッチをお持ちになり、尾根筋の既存樹林を活かし地形に沿わせるとおっしゃいました。こういう時に先生は割に断固としたところがあって、そこで現在の姿がほとんど決まったと言えます。
　先生と共に深く関わった田野畑村が、一昨年（2013年）の東日本大震災で津波の被害に遭いました。メールも電話も不通で、連絡が取れたのは3月も末のことでしたが、我々の設計したホールや体育館が避難所になっていると聞きました。さっそく私の研究室の学生を伴って支援に向か

おうとすると，先生もどうしても同行すると言われ，4月に現地に赴いたのです。新幹線もいまだ不通の頃でした。村の公共施設を次々に特命で発注し続けた早野元村長に再会すると，元村長は「穂積先生，これは田野畑村では想定内ですよ」と。この原稿を書く今も，私たちの，村への復興支援は継続中で，穂積先生の人と人を結びつける実地に立った教育は今も続いています。

おわりに

　語られた内容を読むと，ひとつの事例が広く影響を与えていたり，同じ作品・出来事にも異なる見方があることがわかる。1960年代から80年代の内容が中心となっているが，さまざまな角度から見たその時代の空気が感じられたことと思う。当時の考え方を聞くことで，若い世代の委員のみならず，講演者の先生方に直接指導を受けた世代の委員にとっても新しい発見は多かった。もともとは小委員会内部の研究会として始まったものであるが，広く社会に共有すべきだということで刊行企画に発展した。

　早い段階に刊行を目指すことになったものの，広い範囲の読者に伝わるまとめ方の検討や，注釈執筆などの編集作業に長い時間がかかってしまった。辛抱強く待ってくださった講演者・執筆者の方々にはお詫びと感謝を申し上げたい。また，査読者，本書のまとめ方や用語について意見・アドバイスをいただいた方々，そして学事出版の木村拓氏にも御礼を申し上げる。

　本書を読み，先生方の使命感を感じ取るとともに，学校建築が学校・教育を良くしたいという思いに支えられただけでなく，さまざまなデザイン的・技術的・制度的な工夫を重ねて作られてきたことを知っていただければ幸いである。

2017年1月
日本建築学会　建築計画委員会　施設計画運営委員会　教育施設小委員会

本書作成関係委員（2016年10月現在）

■建築計画本委員会
委員長　大原一興

幹　事　池添昌幸
　　　　小見康夫
　　　　清水郁郎
　　　　西野辰哉
　　　　日色真帆
委　員（省略）

■施設計画運営委員会
主　査　広田直行
幹　事　佐藤慎也
　　　　山口勝巳
委　員（省略）

■教育施設小委員会
2006〜2007年度
主査　寺島修康
幹事　伊藤俊介
幹事　倉斗綾子
　　　飯島祥二
　　　石川恒夫
　　　笠井　尚
　　　丹沢広行
　　　堀井啓幸
　　　宮本文人
　　　諸貫幹夫
　　　屋敷和佳
　　　柳澤　要
　　　吉村　彰

■教育施設小委員会WG
2006〜2007年度
主査　横山俊祐
　　　浅井　薫
　　　宇杉和夫
　　　柿沼雄一郎
　　　垣野義典
　　　木村理恵
　　　小泉雅生
　　　小林千穂子
　　　高橋麻子
　　　田中義治
　　　中西宏行
　　　朴　恩敬
　　　山藤祐子
　　　湯澤正信

■教育施設小委員会
2008〜2009年度
主査　寺島修康
幹事　伊藤俊介
幹事　倉斗綾子
　　　飯島祥二
　　　梅野　勇
　　　笠井　尚
　　　川島智生
　　　堀井啓幸
　　　宮本文人
　　　諸貫幹夫
　　　八木真爾
　　　屋敷和佳
　　　柳澤　要
　　　山口勝巳
　　　吉村　彰

■教育施設小委員会WG
2008〜2009年度
主査　横山俊祐
　　　相澤里美
　　　浅井　薫
　　　石川恒夫
　　　宇杉和夫
　　　柿沼雄一郎
　　　垣野義典
　　　小泉雅生
　　　小室芳伸
　　　高橋麻子
　　　田中義治
　　　中西宏行
　　　朴　恩敬
　　　山藤祐子
　　　湯澤正信

〈五十音順・敬称略〉

本書作成関係委員

■教育施設小委員会
2010〜2011年度
主査　伊藤俊介
幹事　倉斗綾子
　　　梅野　勇
　　　笠井　尚
　　　川島智生
　　　小泉　治
　　　田上健一
　　　寺島修康
　　　戸張秀隆
　　　堀井啓幸
　　　宮本文人
　　　諸貫幹夫
　　　八木真爾
　　　山口勝巳
　　　吉村　彰

■教育施設WG
2010〜2011年度
主査　横山俊祐
　　　相澤里美
　　　浅井　薫
　　　石川恒夫
　　　宇杉和夫
　　　柿沼雄一郎
　　　垣野義典
　　　小泉雅生
　　　小室芳伸
　　　高橋麻子
　　　中西宏行
　　　朴　恩敬
　　　柳澤　要

■教育施設小委員会
2012〜2013年度
主査　伊藤俊介
幹事　垣野義典
幹事　倉斗綾子
　　　梅野　勇
　　　笠井　尚
　　　小泉　治
　　　田上健一
　　　戸張秀隆
　　　藤原直子
　　　堀井啓幸
　　　前田薫子
　　　八木真爾
　　　山口勝巳

■戦後学校計画史
　出版WG
2012〜2013年度
主査　横山俊祐
幹事　寺島修康
　　　相澤里美
　　　浅井　薫
　　　川島智生
　　　小泉雅生
　　　小室芳伸
　　　朴　恩敬
　　　宮本文人
　　　諸貫幹夫
　　　柳澤　要
　　　湯澤正信
　　　吉村　彰

■教育施設小委員会
2014〜2015年度
主査　倉斗綾子
幹事　伊藤俊介
幹事　垣野義典
　　　伊藤景子
　　　梅野　勇
　　　川島智生
　　　小泉　治
　　　戸張秀隆
　　　藤原直子
　　　宮本文人
　　　梅　林
　　　八木真爾
　　　柳澤　要
　　　山口勝巳

■戦後学校計画史
　WG
2014〜2015年度
主査　伊藤俊介
幹事　横山俊祐
　　　笠井　尚
　　　寺島修康
　　　堀井啓幸
　　　前田薫子

■教育施設小委員会
2016年度
主査　山口勝巳
幹事　垣野義典
幹事　倉斗綾子
　　　梅野　勇
　　　笠井　尚
　　　川島智生
　　　小泉　治
　　　戸張秀隆
　　　藤原直子
　　　宮本文人
　　　梅　林
　　　八木真爾
　　　柳澤　要
　　　横山俊祐

■学校体系の変化に
　対応した学校建築
　計画検討WG
2016年度
主査　伊藤俊介
幹事　伊藤景子
　　　寺島修康
　　　堀井啓幸
　　　前田薫子

● 執筆担当 ●

(序章)　　横山俊祐

(人物紹介)
第1章　　諸貫幹夫
第2章　　吉村　彰
第3章　　川島智生
第4章　　上野義雪
第5章　　柴田啓史郎
第6章　　古谷誠章

(注釈)
序　章　　垣野義典・笠井　尚・倉斗綾子
　　　　　堀井啓幸・横山俊祐
第1章　　柳澤　要
第2章　　伊藤俊介・前田薫子
第3章　　川島智生
第4章　　倉斗綾子
第5章　　戸張秀隆
第6章　　垣野義典

※全体の統一・調整・一部加筆を伊藤・垣野・堀井・横山が行った。

オーラルヒストリーで読む戦後学校建築
いかにして学校は計画されてきたか

2017年4月29日　第1版第1刷発行

編　　者　日本建築学会
発 行 人　安部英行
発 行 所　学事出版株式会社
　　　　　〒101-0021　東京都千代田区外神田2-2-3
　　　　　電話 03-3255-5471
　　　　　http://www.gakuji.co.jp

編集担当　木村　拓
制作協力　古川顕一
印刷・製本　研友社印刷株式会社

落丁・乱丁本はお取り替えします。　Printed in Japan
ISBN978-4-7619-2320-4　C3037